Pfälzer
Habekostbarkeiten

für Britta
mei eingepälzerti
Herzblut-Fraa

höma
VERLAG

Woche für Woche, in der Regel immer donnerstags, wird der LEO, das Freizeitmagazin der „Rheinpfalz", zu einem Wegweiser durch den dichten Freizeit-Dschungel im Südwesten. Im Mittelpunkt steht dabei, weil sie der Redaktion ganz besonders am Herzen liegt, selbstverständlich die Pfalz. Um diese drehen sich auch diverse Extra-Ausgaben des LEO und seit einigen Jahren die beliebten LEO-Bücher. Eine Liebeserklärung an die Pfalz ist auch das Werk von Christian Chako Habekost. Irgendwann war dann die Idee da: Der Lokalpatri(di)ot, Kabarettist und Wortakrobat, und die LEO-Freizeitexperten bündeln ihre Leidenschaft für ein gemeinsames Pfalz-Projekt.

Mit den „Pfälzer Habekostbarkeiten" halten Sie das Ergebnis nun in den Händen. Bis das Buch so auf den Weg gebracht werden konnte, musste jedoch die Ursprungsidee geradezu geknetet werden. Dies geschah zum einen in der Ideenschmiede von Chako. Zum anderen beispielsweise in LEO-Redaktionskonferenzen. Und nicht zuletzt in einer Reihe von gemeinsamen Brainstorming-Runden von Chako und einigen LEO-Machern in mehr oder weniger lauten pfälzischen Lokalen.

Geplant war ein Buch, das im typischen Habekost-Stil vor allem viel Lesespaß bereitet. Und die Lieblingsplätze des Wortakrobaten, die archetypisch für die Pfalz stehen,

Pfälzer Habekostbarkeiten

sollten zusätzliche Würze geben. Angereichert mit vielen ergänzenden persönlichen Tipps der LEO-Redakteurinnen und LEO-Redakteure und nicht zuletzt zahlreichen konkreten Hinweisen, etwa zu Museen, schönen Plätzen und tollen Wanderungen, sowie viel Service, entstand am Ende ein Pfalz-Führer, wie es ihn bisher noch nicht gab. Darin sind sich Chako und LEO absolut einig. Wir hoffen, dass Sie dies genauso sehen.
Viel Spaß bei der Lektüre wünscht Ihnen Ihr

Michael Dostal
Geschäftsführer
mssw – Print-Medien Service Südwest GmbH

Foto: Thommy Mardo

Vorwort-Gebabbel

Wer auf der Bühne so programmatisch den Lokalpatri(di)oten raushängt wie de Chako, der braucht für seine Glaubwürdigkeit irgendwann mal bissel mehr wie nur die Sprüch. Auch im digitalen Zeitalter ist es immer noch so, dass nur das so rischdisch wischdisch is, was gedruckt ist. Alla macht ma e Buch. Über das, was man am besten kennt und am besten findet: die eigene Heimat.

Das mag bei jemand, der mit MundArt sein Geld verdient, auf der Hand und Zunge liegen. Früher war ich zwar viel außergewärttisch unterwegs, hab in London kleine Eastender in Deutsch unterrichtet, in Trinidad & Tobago mit dem Bobbes gewackelt und stand in New York und Toronto mit Calypso-„Kollegen" aus der ganzen Welt auf der Bühne... Aber bei all dem Globetrotteling merkt man dann auf einmal: Je weiter man weg is, desto mehr liebt ma des, wo ma dehääm is. Und das Wundersame war ja die Entdeckung, dass es hier in der Pfalz all die Dinge schon gab, die man in der Ferne, da draußen in der Karibik so toll fand: Die coole Mentalität der Eingeborenen, den Rhythmus im Gebabbel, den Groove im Leben, die Landschaft zum Atemrauben. Gut, hier gab's kein Meer und keinen Strand – aber was ist schon e bissel Palme & Ozean gegen das exotische Spektakel von Worschdmarkt & Betze?!

Natürlich gibt es schon eine ganze Reihe „normale" Reise- und Touristenführer durch die Pfalz. Da ist viel Nettes, Bekanntes und Klischeehaftes dabei von allseits überrannten „Sehenswürdigkeiten" der Pfalz, ab und zu ein paar Verweise auf die Bewohner und ihre Gepflogenheiten („trinkfest", „gemütlich", „bodenständig"...).

Aber „Habekostbarkeiten" will in dieser Liga der sachlich informativen Reiseführer gar nicht mitspielen, kein sachlicher auf Vollständigkeit bedachter Wegweiser sein. Stattdessen stellt es den bescheidenen Anspruch ein High-mat-Handbuch zu sein, das zutiefst emotional, ganz und gar un-ausgewogen enthusiastisch, parteiisch und einseitig die Pfalz als das beschreibt, was sie ist: Das gelobte Land, in dem sich Außergewärttische die Augen reiben und die Ohren zuhalten und die Eingeborenen dankbar sind, dass sie da leben dürfen, wo andere Urlaub machen.

Wie gut, dass diese Idee ihre begeisterten Umsetzer und Macher fand bei der LEO-Redaktion und beim Höma-Verlag (der auch schon meine Textsammlung „Chako babbelt wie gedruckt" veröffentlichte). E großes Donkschää geht deswegen an meinen Verleger Dieter Mauer für sein Vertrauen und die Unterstützung, an Editor Michael Dostal, den unermüdlichen LEOnidas, für seinen Einsatz beim Ordnen und Aufbereiten der Kostbarkeiten, an Carina Zweck, die behutsam-bestimmte Lektorin, sowie die Leo-Redakteure, die versucht haben, mein Gebabbel mit sachlich-persönlichen Tipps aufzuwerten, um damit aus dem Ganzen letztendlich ein Buch mit praktischem Gebrauchswert zu machen.

Und letztendlich verneige ich mich auch vor der Hoheit der Bilder: Melanie Hubach, Weinprinzessin und Fotografin mit pälzischer Inspiration und mit dem richtigen Blick auf die Perspek-tiefen der High-mat.

Und weil das Machen dieses Buches so eine Freude war, hoffe ich jetzt einfach mal, dass sich dieses schöne Gefühl so auf den Leser überträgt, dass er zum Schluss das größtmögliche Lob ausspricht, zu dem ein Pfälzer in Ekstase fähig ist: „Net schlescht. Komma lese."

Christian Chako Habekost

Die Pfalz ist so vielseitig, dass man sie auf die unterschiedlichste Weise kennenlernen kann. Damit man für sich schnell und zielgerichtet das Richtige findet, haben die LEO-Freizeitexperten persönliche Tipps nach fünf Kriterien eingeordnet. Noch mehr Tipps der LEO-Redaktion stehen übrigens immer donnerstags im LEO, dem Freizeitmagazin der RHEINPFALZ.

LEO-Suchhilfen

Erleben:
Mitmachen ist hier angesagt. Beim gemeinsamen Wandern, Radfahren, Laufen, Klettern und vielem mehr kann man jede Menge erleben.

Betrachten:
Sich einfach mal in Ruhe etwas betrachten, dafür hat man in der Pfalz Zeit. Die LEO-Freizeitexperten geben Tipps, wo man das Auge besonders gut schweifen lassen kann.

Genießen:
Nicht nur Weck, Worscht und Woi, auch Wald, Wiesen und Wasser kann man in der Pfalz mit allen Sinnen genießen.

Erfahren:
Wer mit Wissensdurst unterwegs ist, kann in den Museen der Region viel erfahren. Doch auch außerhalb lässt sich manches über Pfälzer Geschichte und Geschichten lernen.

Entdecken:
Überraschendes gibt es in der Pfalz überall zu entdecken. Man muss es nur selbst ausprobieren, dann beginnt die Abenteuerreise direkt vor der Haustür.

Kleine Planungshilfe für den LEO-Ausflug:
Einige Tipps eigenen sich für einen kurzen Abstecher, für andere sollte man sich schon einen Nachmittag oder Abend Zeit nehmen und wieder andere bieten sich für einen Tagesausflug an. Natürlich ist das nur ein Anhaltspunkt, hängt der individuelle Zeitbedarf doch davon ab, wie groß das persönliche Interesse ist. Ob man allein oder mit der ganzen Familie im Schlepptau anreist, oder ob man unter der Woche oder am Wochenende unterwegs ist, spielt auch eine große Rolle. Die Tipps sind aber immer so ausgewählt, dass es im Umfeld noch jede Menge zu entdecken gibt. Selbst ein noch so kleiner Ausflug kann also ausgedehnt werden.

Zeitbedarf:
eine oder mehr Stunden

Zeitbedarf:
ein halber Tag

Zeitbedarf:
ein ganzer Tag

Die „grüne Hölle" der Pfalz, ein kalter Bach
als Wald-See, tiefer Wald, Felsen, Burgen,
abgelegene Ortschaften, und Frankreich
ist so nah, ma dappt durch de Wald un
stolpert über Grenzsteine...
Comedyantische Recherche-Möglichkeiten:
zahlreich; besonders für Ethno-Comedy,
wenn Deutsche und Franzosen und Pfälzer
beim Sonntagsausflug aufeinandertreffen.
Ausblick: begrenzt und doch grenzenlos.

Lieblingsplatz:
Saarbacher Hammer und
Weg zur Bremmedell,
Fischbach und Ludwigs-
winkel.

Touristen

Tolerant, weltoffe, kotzmopolitisch

Der Pfalz-Tourismus boomt. Immer mehr Außergewärttische kommen hierher, um dieses Wunder aus Natur, Exotik & Ethnologik zu erleben. Das ist natürlich gut für die Wirtschaft – im doppelten Sinne. Überall alles voll! – auch im doppelten Sinne.

Und es wird immer voller, von Jahr zu Jahr. Die meisten Eingeborenen nehmen diese von der Mandelblüte bis zur (Eis)Weinlese andauernde Invasion ihrer Heimat und Slow-Motion-isierung ihrer Infrastruktur mit großer Begeisterung auf. Und ein bissel Stolz ist natürlich auch dabei, dass immer mehr Leute entdecken, wie schön es hier ist. Hajo, warum aa net?! Zu Fremden freundlich und offenherzig zu sein, das ist Pfälzern noch nie schwer gefallen. Und wenn heute in der Politik so viel über das Zauberwort „Integration"

(dumm)gebabbelt wird, do könne mir doch bloß drüwwer la-
che. Hier, in de Palz is die Integration erfunne worre. Die Pfälzer Ge(s)chichte ist so bewegt, dass nach so viel Krieg und
Verwüstung immer wieder Außengeländer nicht nur freundlich bewirtet, sondern sogar eingemeindet wurden – sunschd
wär irgendwann des ganze Land leer gewesst. Durch die
Jahrhunderte hindurch wurde alles integriert, was do zu uns
kumme is:
die Römer, die Angeln, die Sachse, die Fisch, die Köpp
die Gote, die Slawe, die Hunne – die howwe
die Türke, die Italiener, die Griesche, die Portugiese
– hemmer sogar en Woi draus gemacht...

Mir ware immer offen für alle. Mir sin so tolerant, dass mir
heutztag sogar Saarländer ohne Visum bei uns, äh, dursch-
fahre lasse. Un Badenser dürfe sogar aussteige un bleiwe –
zwee, drei Stund, ohne Aufenthaltsgenehmigung, also geduldet.

Oder nimm die Franzose. Was gab's mit denne schon Zores. Vor 300 Jahr hen mir denne alles hergschenkt, was uns lieb un schwer war – die Liselotte vun de Palz nämlisch –, un dann sin'se doch üwwer uns hergfalle un hen alles niedergemacht: de Speyerer Dom, de Trifels, de Schifferstädter Grumbeeracker. Awwer do defür räche mir uns jetzt Jahrhunderte später, indem mir unsere Kinner französische Name gewwe un die dann so ausspresche, wie mir des wolle. Gell, Dschanedde, Dschakweline un Schlodde-Schalodde, ihr wissen, was isch mään?!

Fremdenverkehr(t) uff pälzisch
Der Pfälzer an sisch ist von Natur aus toll(erant), fremdenfreundlich und freigiebig. Gut, ja, wenn man genau hinschaut, kann man vielleicht ab und zu eine gewisse Überdrüssigkeit entdecken, mit der hier ansässige Einwohner den Massen von Touristen begegnen? Zumindest gibt es immer mal wieder ein paar kleine Indizien dafür, dass auch und gerade die Pälzer durchaus gern mal „ihr Ruh" haben möchten.

Natürlich wird man da nicht gleich jedes Hildesheimer Wohnmobil anhupen, das in Schlangenlinien vor einem auf der B 271 entlang schneckert. Man will ja den positiven Slow Food-Eindruck, den die Besucher von unserer Region haben, nicht gleich kaputt machen. Und man wird auch bei herumirrenden Wandersburschen, die einen im tiefsten Wald mit „Entschuldigensemal, wir ham Hunger, wo wächst denn hier der Kallstadter Saumagen?" ansprechen, das aufkeimende Gelächter höflich unterdrücken. Auch wird man hinnehmen, dass in der Stamm-Weinstube spontan kein Platz mehr zu bekommen ist und dass, wenn man sich bei einem Touristenpärchen an den Tisch auf die zwei noch freien Stühle setzen möchte, man ein deutlich eingefrorenes „Besetzt!" zu hören bekommt.

Dabei stellt sich sowieso die Frage: Wann ist man eigentlich ein Tourist? Gelten Autonummern mit „MA", „HD" oder „LU" an der Weinstraße schon als außergewärttisch? Das mag hie und da vom Fahrstil abhängen. Es soll ja Mannheimer geben, die fahren schneller von MA nach DÜW als ortsansässige Dürkheimer vom großen Fass zu den Salinen. Oder: Sind KL'er in SP schon Touris, weil sie aus dem Wald kommen? Und umgekehrt: Sind KIBo's in PS-Land fremde Körper, auch wenn ein roter Teufel auf der Heckscheibe klebt?! Und was ist dann erst mit einem GER'ler, der sich weit bis hinter die Kuppen der Haardt hineinwagt in den dünner besiedelten Teil des Heimatlandes, bis nach ZW, nicht weil er die vielen kulturellen Zusammengehörigkeiten seiner westpfälzischen Brüder und Schwestern kennenlernen will, sondern ganz einfach und schnöde, weil er fröhlich und outgeleted auf der Jagd nach Schnäppchen ist.

Wo Kabarettisten recherchieren
Egal! Wenn man dem größer werdenden Touristentrubel aus dem Weg gehen will, weiß man als Einheimischer ziemlich genau, welche Orte man am besten meidet – zumindest an einem Wochenende im Herbst: das Dürkheimer Fass samt Wurstmarkt(park)platz, das Hambacher Schloss, den Speyerer Dom, den Fischbacher Baumwipfelpfad, den Teufelstisch im Wasgau und weitere übliche Verdächtige wie Deidesheim oder Edenkoben, die man an einem Sonntag möglichst weiträumigst umfahren sollte. Am besten so weiträumig, dass man gar net erst das Haus verlässt. Oder aber man macht genau das Gegenteil, midde nei ins Gedees!

Ich mache mir immer wieder einen Spaß daraus, genau an die Orte zu gehen, wo sich die außergewärttischen Weinlese & Weekend-Invasionstruppen im allgemeinen zuhauf versammeln. Nirgendwo kann man als Kabarettist besser recherchieren und gleichzeitg auch noch seinen Spaß haben. Das geht vom einfachen Beobachten bis hin zum aktiven Abenteuer-Trip. Weil Comedyanten im allgemeinen an einem Sonntag sowieso nix zu schaffen haben, geht's also hinaus ins Feld. Die Möglichkeiten pfälzisch-außergewärttischer Ethno-Rallyes sind schier unerschöpflich.

Eine schöne Abenteuer-Variante ist zum Beispiel die: Man leiht sich ein Auto mit einem KA-Nummernschild aus, fährt nach St. Martin, fetzt mit 65 km/h durch die engen Gassen und stellt sich in der Haardtgasse direkt vor einem malerische Gaardedürle mit „Parken verboten"-Schild ab. Ha! Do lernt ma die fremdenfreundliche Pälzer vun änere gonz annere Seit kenne. Wie, des is erfunne, des macht kenner?! Froog die Leit in Maade, die könne do e paar schäne Grusel-Gschischdelscher verzehle.

Außergewärttisch-ethnologische Erlebnisse
Was gibt's noch? Nach Deidesheim zum Porsche zählen, nach Rhodt zum Autoflanieren (neudeutsch: cruisen) auf der Theresienstraße oder auf die Burg Lichtenberg zum US-Besatzer-soldaten-Family-Watching (dabei sollte man vorsichtshalber aber lieber weder Turban noch Vollbart tragen). Hier hinten im Kuseler Land zeigt der Pfälzer auch, wie international er sein kann. So liest man auf der Webseite des Burgrestaurants in schönstem Palatino-Englisch: „We believe that our Guests are...to be able to flee their daily stress." Und dann der erneute Beweis, wie freigiebig und einladend die Pfälzer sind: „Our smile from us to you does not cost a cent."
Merkschwas?!

Um zu wissen, wo die touristischen Attraktionen und die ethnologischen Sensationen lauern, muss ma äfach druff un dewedder. Dann erlebt man die tollsten Sachen: In einem Weinrestaurant der (ab)gehobeneren Kategorie in Gimmel-

Wurstmarkt Bad Dürkheim.

dingen erklärt die Kellnerin einem pfälzischen Gast unge-
fragt in schönstem Sächsisch, dass Riesling ein Weißwein sei.
Und der so be-leer-te Eingeborene? Ärgert er sich auf einmal
abgespeist zu sein wie ein Tourist? Nein, er ist Pälzer. Gelassen, locker freut er sich, dass auch Menschen mit östlichem
Migrationshintergrund in der einheimischen Gastronomie
eine Chance bekommen, ihr profundes önologisches Wissen
zu verbreiten.

Oder neulich beim Bäcker steht vor mir ein Tourist, der
für sein Wohnmobil einkauft und sagt: „Ich hätte gerne zwei
Stücken: eins von diesem gequetschten Kuchen hier. Und
dann noch eins von diesem legendären Kirschenkotzer." Das
sind die ethnologischen Erlebnisse, die einen abenteuerlus-
tigen Einheimischen auch noch so volle Straßen, Parkplätze
und Weinstuben leichter ertragen lassen. Und wenn's dann
doch emol zu arg wird – im Oktober zur Weinlese. Dann
bucht man halt einen Flug in die Toskana, die Pfalz Italiens!
Do is zwar net ganz so schää wie bei uns, do defür awwer net
so voll.

erleben   betrachten   erfahren

entdecken

Dom Speyer
www.dom-speyer.de

Dom-Öffnungszeiten:
Nov - März 9 - 17 Uhr
April - Okt 9 - 19 Uhr

Gottesdienstzeiten im Dom:
An Sonn- und Feiertagen
heilige Messen um 7.30 Uhr,
10 Uhr und 18 Uhr.

Beichtgelegenheit im Dom:
Samstag 17 - 18 Uhr

Domführungen:
Fon 06232.102-118

Infos zu Musik im Dom:
Fon 06232.102-132

Steine reden

Von vorne sieht der Dom aus, als wäre er aus einem Guss. Von der Seite gesehen erzählt er seine Geschichte: Nähte, Farben, Dekortypen lassen sich lesen wie ein Buch. Das ist für den, der über Minimalinformation und ein forschendes Auge verfügt, spannende Beschäftigung. Zunächst fällt auf ein Gegensatz zwischen Kirchenschiff und Ostteilen: Die Wände des Schiffes sind schlicht und kaum gegliedert; das Mauerwerk des Ostteils dagegen ist massiv und reich gestaltet, in Ebenen gestaffelt, die Fenster reich verziert. Hier zeigen sich zwei Bauphasen: der ersten, ab 1025, entstammen die aus recht kleinen Bruchsteinen gefügten Seitenschiffwände und das gequaderte Hochschiff. Diese flach gedeckte Kirche wurde 1061 geweiht. Zwanzig Jahre später begann ein grundlegender Umbau. Der Hauptzweck: die ganze Kirche mit feuersicheren, neu aufkommenden Steingewölben zu decken. Dazu musste das Querschiff im Osten mit stärkeren Mauern neu gebaut werden. Auch die hübsche, das ganze Schiff umlaufende kleine Arkadenreihe, Zwerchgalerie genannt, stammt aus dieser zweiten, nach 1106 abgeschlossenen Bauphase. Ungefähr in der Mitte des Doms ist innen und außen eine senkrechte Baufuge zu erkennen. Unterschiedlicher Steinschnitt, unterschiedliche Steinfarbe machen sie identifizierbar. Was westlich davon ist, der größere Teil des Schiffs, stammt von einem Wiederaufbau nach Kriegszerstörung ab 1773, der sich genau an den Befund hielt. Geld für einen neuen, stilistisch eigenartigen Westbau war erst 1854 da.

Roland Happersberger

Das Hambacher Schloss

erleben

betrachten

genießen

erfahren

entdecken

„Hinauf Patrioten, zum Schloss..."

Das bunte Völkchen aus aller Herren (deutschen) Länder war gut drauf, anno 1832 beim berühmten Hambacher Fest. Nach anderthalbstündigem Aufstieg von Neustadt aus oben auf dem Schloss angekommen, begannen die rund 30.000 Patrioten das fröhliche Open-Air-Festival der Demokratie unter dem schwarz-rot-goldenen Banner mit flammenden politischen Reden und feucht-fröhlicher Party. Lustig war's, Freiheitslieder schallten durch den Pfälzerwald, Wein und Bier flossen in Strömen – wie der heftige Gewitterregen gegen Mittag. Aber das Fest fiel dennoch nicht ins Wasser. Im Gegenteil: Das Hambacher Schloss wurde ein Symbol in der deutschen Demokratiegeschichte, das auch späterhin von berühmten Demokraten aufgesucht wurde. Der erste deutsche Bundespräsident Theodor Heuss, ein Freidemokrat, sprach hier zum 125. Jahrestag 1957, einer seiner Nachfolger, Karl Carstens, ein Christdemokrat, zum 150. Im Jahre 1982. Auch Sozialdemokraten zeigten sich auf dem Schloss. Nur der amerikanische Präsident Ronald Reagan, der 1985 zum Staatsbesuch hier weilte, war kein Demokrat. Er war Republikaner. Das Gemäuer aus dem 11. Jahrhundert hoch oben über der Pfalz ist nicht nur ein bedeutender Punkt in der deutschen Geschichte, es ist auch ein bedeutender Aussichtspunkt. Bei klarem Wetter schweift der Blick bis Ludwigshafen und zu den Kühltürmen des AKWs Philippsburg. Und anders als die schwarz-rot-goldenen Patrioten von damals muss der Besucher heute seine Getränke nicht mitschleppen. Ein schickes Restaurant erwartet ihn schon.

Bernhard May

Hambacher Schloss
67434 Neustadt/Weinstraße
Fon 06321.926290
info@hambacher-schloss.de
www.hambacher-schloss.de
Öffnungszeiten:
April - Okt 10 - 18 Uhr
Nov - März 11 - 17 Uhr

Extras
Öffentliche Führungen:
April - Okt 11, 12, 14, 15, 16 Uhr
Nov - März 11, 12, 14 Uhr
Nach vorheriger Anmeldung auch Gruppenführungen, Mondscheinführungen, Wanderung auf den Spuren Siebenpfeiffers und Wirths, Inszenierte Führungen, Kindergeburtstage und Kinderworkshops, Workshops für Schüler und Erwachsene.

erleben   betrachten   genießen

erfahren   entdecken

Die Michaelskapelle in Bad Dürkheim

Ohne Reue auf den Michelsberg

So groß ist es gar nicht, dieses größte Weinfass der Welt. Von hier oben zumindest, mitten in den Weinbergen, vor der Michaelskapelle auf dem Michelsberg. Gut, drinnen könnten 1,7 Millionen Liter Rebensaft gelagert werden. Das wären umgerechnet 3,4 Millionen Schoppen, 6,8 Millionen Schorle, 13,6 Millionen Viertele. Oder 27,2 Millionen Achtel – aber wer bestellt das schon in der Pfalz... Die Saline direkt darunter dagegen wirkt schön mächtig. Mit 330 Meter Länge, 18 Meter Höhe und 250.000 Reisigbündeln steht sie da wie eine riesige Wand – wenn sie nicht gerade von Hornochsen abgefackelt wird. Und dann der Wurstmarktparkplatz zu Wurstmarktzeiten. Während das größte Weinfest der Welt gefeiert wird, sieht man vor lauter Festzelten, Riesenrad und Achterbahn weder vom Fass noch von der Saline viel. Wie schön hatten es hier oben doch die ersten Pilger vor fast 600 Jahren. Sie mussten Ablassbriefe kaufen, um Vergebung zu erlangen, konnten dann jedoch die Anfänge des Wurstmarktes genießen. Denn sogleich marschierten die Dürkheimer Winzer und Bauern mit ihren Schubkarren auf den Berg, um mit den armen Sündern Geschäfte zu machen. Am schönsten ist es in Bad Dürkheim sowieso in der Wurstmarkt-Pause, zwischen Mitte September und Ende August. Wenn die Gassen des beschaulichen Städtchens nicht gar so überfüllt sind von Gästen, die aus Reisebussen quellen oder vor den Toren der Stadt campieren. Wenn der Spaziergang durch den Kurpark, rund um die Limburg oder rund um die Hardenburg die erhoffte Ruhe bringt...

Christian Roskowetz

Michaelskapelle
67098 Bad Dürkheim
Weinstraße Nord
Wenige Minuten vom Wurst-
marktparkplatz entfernt.
www.bad-duerkheim.de

Die Stadtmauer von Kirchheimbolanden

betrachten

genießen

erfahren

Ein Hauch von Mittelalter

Mittelalter in Kirchheimbolanden? Zugegeben: Der dreißig-jährige Krieg hat davon leider nicht allzu viel übrig ge-lassen. Genau genommen nur die sorgfältig restaurierte Stadtmauer. Doch gerade sie ist ein rares bauliches Kleinod in der Pfalz und verleiht der „Kleinen Residenz" am Donnersberg ein ganz besonderes Flair. Sie ist 800 Meter lang, acht Meter hoch – und auf 75 Metern Länge begehbar. Eine erstaunliche Entdeckung. Kennt man die mit dem Holzdach versehenen Mauerwege zwischen den Türmen der Befestigungsanlage doch vornehmlich aus Städten wie dem romantischen Rothenburg ob der Tauber oder dem schwäbisch-bayrischen Nördlingen. Als trutziges Wahrzeichen ragt der Graue Turm heraus. Hier führen die Treppen hinauf zum historischen Wehrgang, der sich Touristen heute als Aussichtsterrasse der etwas anderen Art präsentiert und Geschichte auf besondere Weise erlebbar macht. Frisch Verliebten beschert das Bauwerk obendrein einen Hauch von Romantik: Ein Hochzeitszimmer mit Him-melbett und großer Badewanne für zwei ist in die Mauer integriert – direkt über einem Gewölbekeller, in dem Paare ihre Hochzeit mit bis zu 40 Gästen feiern können. Süßer Trost für alle, die noch Single oder schon verheiratet sind: Im nahe gelegenen Café gibt es die wohl leckersten haus-gemachten Pralinen weit und breit. Und bei einem Bummel durch die idyllischen Gässchen kann man sich ganz neu verlieben – zum Beispiel in eine kleine, feine Altstadt mit viel Charme und einem Hauch von Mittelalter.

Gisela Huwig

Verbandsgemeindeverwaltung
Rathaus
67292 Kirchheimbolanden
Neue Allee 2
Fon 06352.4004114
touristik@kirchheimbolanden.de
www.kirchheimbolanden.de

Extras

Stadtmauer durchgängig begehbar.
Buchung des Hochzeitszimmers:
Hotel Braun
Fon 06352.40060
Buchung des Turmsaals:
Fon 06352.4004114

Schloss Villa Ludwigshöhe Edenkoben

Das malerische Schlösschen beherbergt nicht nur die Max-Slevogt-Galerie, es bietet auch Platz für Ausstellungen und Konzerte. Bei gutem Wetter ist das Freiluftcafé mit Blick auf die Oberrheinische Tiefebene geöffnet.

67840 Edenkoben
Villastraße
Fon 06323.93016
villa-ludwigshoehe@burgen-rlp.de
www.max-slevogt-galerie.de
oder www.suedlichewein-strasse.de

Öffnungszeiten:
1. April - 30. Sep 10 - 18 Uhr
1. Okt - 31. März 10 - 17 Uhr
Im Dezember und am ersten Werktag der Woche geschlossen.
Wenn Montag Feiertag ist, Dienstag geschlossen.

Stadtmauerführung Freinsheim

Rund um die historische Stadtmauer von Freinsheim führen die thematisch breit gefächerten Touren, bei denen „Steine an der Stadtmauer erzählen" oder „die Frau des Baumeisters" aus dem Mittelalter berichtet. Ein anderer Rundgang widmet sich mit Anekdoten den Geschichten aus der Geschichte.

67247 Freinsheim
Historisches Rathaus/
Altstadt
Fon 06353.989294
verkehrsverein@vg-freinsheim.de
www.stadt-freinsheim.de/
stadtfuehrungen

Führungen täglich von
9 - 21 Uhr nach telefonischer Vereinbarung.

Wurstmarkt Bad Dürkheim

Das seit 1417 bestehende Volksfest gilt mit über 600.000 Besuchern als das größte Weinfest der Welt und versetzt die Stadt im September in den Ausnahmezustand. Die gar nicht heimliche Attraktion ist die Gemütlichkeit bei den Schubkärchlern und im Weindorf.

67098 Bad Dürkheim
Wurstmarktplatz/Kurbrunnenstraße
Fon 06322.935140
info@bad-duerkheim.de
www.duerkheimer-wurst-markt.de

Am 2. und 3. Wochenende im September täglich ab 11 Uhr.

Holiday-Park
Haßloch

Holly hat es gut: Er wohnt in dem rund 400.000 Quadratmeter großen Freizeitpark und kann Tag für Tag alle Attraktionen genießen. Fahrgeschäfte und Shows sind Höhepunkte für die ganze Familie. Aushängeschild ist die preisgekrönte Achterbahn „Expedition GeForce" und die Wasserski-Show ist die größte ihrer Art in Europa. Maskottchen müsste man sein...!

67454 Haßloch
Holiday-Park-Straße 1-5
Fon 06324.5993318
info@holidaypark.de
www.holidaypark.de

Öffnungszeiten:
16. April - 31. Okt täglich
10 - 18 Uhr; aktuelle Schließtage stehen im Internet.

BASF Besucherzentrum
Ludwigshafen

Im über 2.000 Quadratmeter großen Besucherzentrum zeigen Ausstellungen und Entdeckungstouren Wissenswertes und Interessantes über die Geschichte der BASF und Chemie im Alltag. Jeden ersten Samstag im Monat gibt es Werksrundfahrten.

67063 Ludwigshafen
Carl-Bosch-Straße 38
am Tor 2 neben Friedrich-Engelhorn-Hochhaus
Fon 0621.6071640
besucherzentrum@basf.com
www.besucherzentrum.basf.de

Öffnungszeiten:
Mo - Fr 9 - 17 Uhr und jeden ersten Sa im Monat 9 - 16 Uhr.

Wanderungen

Der alte Drang „fer naus"

Der Pfälzer wandert gern. Das liegt schon im Namen seiner Heimat begründet. Denn der Kaiser damals, de alde Salier, ist immer heftig gewandert – von Pfalz zu Pfalz. Naja, eigentlich ist er eher geritten oder -worden, also rumkutschiert mit seine Gäul un so. Heute würde man das „Pferdewanderung" nennen, oder wie in Ungstein an der Weinstraße „Lamawanderung". Letzteres bedeutet nix anderes, als dass man neben einem Lama herläuft und dabei vor allem eins merkt: Dass de Mensch schneller lahmt wie des Lama laaft.

Das wär dem Kaiser früher nie passiert. Der war immer auf Achse. Wie über tausend Jahre später die Leut in der Pfalz. Hier ist heute jeder Kaiser dieses herrlichen Landes. Also wandert der Pfälzer auch. Einfach weil er in sich diesen alten Drang spürt „fer naus!", wohl wissend, dass er die ganze schöne Wunderbarkeit seiner Heimat net erfassen könnte,

wenn er nur dehääm im Fernsehsessel de Forzathlet spiele det. Also juckts die Einwohner der Pfalz, es ihrem kaiserlichen Salier-Wanderer jedes Wochenende nachzutun. Kaum ist die Kehrwoch gemacht und damit der schwäbischen Unterwanderung seines lebenluschdischen Daseins Rechnung getragen, schon wittert der Eingeborene die Luft seiner Highmat: Ahhh, es is Westwind und der Wald lockt mit würzigfeuchtem Duft. Alla hopp! Ab geht's in de Wald, uff die Wies, in de Wingert. Mit Kind un Kegel un Hund un Katz un Rucksack un Stock. Über Stock und Stein, den Wanderstock munter und weit ausgeschwungen, dass die Stocknägel aus dem Vinschgau und das metallene Mini-Hirschgeweih aus Freudenstadt schön in der Sonne glitzern, das Wandern ist des Müllers Lust... Ha! Schää wär's. Heut is nix mehr mit dem lustigen Wanderstab, der dich als Pilger der Natur auszeichnet. Wer heute in den Wald geht − und sei's auch nur, um zweihundert Meter bergab zur nächsten Tränke zu spazieren − der braucht net einen, der braucht zwei Stöcke. Mindestens!

Aus Leichtmetall. Und damit wird gewedelt, was das Zeug hält. Die Füß watscheln, die Arme wedeln. Und damit das alles eine sportliche Gesamtkörpererfahrung wird, muss auch der Mund noch sportlich bewegt werden. Also wird net nur gewedelt, sondern auch gebabbelt. Im Rudel. Solche Nordic-Walking-Gruppen sind immer auch ein mobiles Kaffeekränzel. Das klingt irgendwie gemütlich. Isses aber net. So mancher Ruhe suchender Wanderer ist schon von Horden wild marschierender Walking-Walküren mit ihren ausschweifenden Stockbewegungen in den Laubgraben gedrängt worden. Es soll sogar Gerüchte geben, dass es eine Art internen Wettbewerb gibt, unbeteiligte und unbestockte Wanderer, die nicht rechtzeitig ausweichen können, einfach aufzuspießen und mitzunehmen. Und abends wird dann gezählt, un wer die meischde am Stock hänke hot, der hot gewunne.

Auch wenn das jetzt vielleicht übertrieben ist – e bissel – auf jeden Fall überkommt einen schon das Gefühl einer gewissen technischen Unterlegenheit, wenn man mit seine Puma-Sportschlappen und dem ausgewaschene „Gemeinsam Unzerstörbar"-FCK-Shirt durch de Wald dappt und dann auf eine Armada hochgerüsteter Walking-Wanderer trifft, die in Allwetter-Profil-Berg-un-Tal-Schuh und aus ultrahocherhitzten Teflon-Pfannen hergestellten Trecking-Wams-Westen stecken.

Im Dschungel zwischen Haardtrand und Saarland

Sei's drum! Ich persönlich geh gerne in den Wald. Net weil ich gern rumlauf. Sondern wegen der Recherche. Nirgendwo kann man den Urkräften pfälzischer Mundartistik besser nachforschen als hier im grünen Dschungel zwischen Haardtrand und Saarland. Besser ginge das wahrscheinlich nur noch im Straßenverkehr, aber da hocken die Kontrahenten ja leider hinter ihren Scheiben und man sieht meistens nur

Im grünen Dschungel.

verzerrte Schimpf-, Schenn- und Motz-Visagen. Das einzige, was man da zu hören bekommt, ist das eigene Repertoire an Unziemlichkeiten. Und das kennt man ja schon zur Genüge. Wobei man da auch auf den Nachwuchs achten sollte, der eventuell mithört. Es soll ja Kinder geben, die haben ihre frühe Sprecherziehung im Auto genossen, und die ersten vier Wörter ihres Lebens, die sie von ihrem Vater gelernt haben, waren: „Fahr doch, du Penner!"

Dann lieber in den Wald. Do geht's genauso ab. Auf manchen Wanderwegen ist ein Geräuschpegel wie uff'm Woifeschd. Die Pälzer sind halt nicht nur zum Wandern hier. Irgendeinen anderen tiefen Sinn muss des Rumdappe ja auch noch haben. Und sei es nur, dass man mit leerem Bauch in den Wald, mit vollem aber wieder herauskommt. Den Deutschen im Allgemeinen wird ein besonderes Verhältnis zu ihrem Wald nachgesagt. Aber erstens gibt es hier in der Pfalz mehr Wald wie woanders(ter) und zweitens haben die hiesigen Eingeborenen auch ein ganz anderes Verhältnis zu ihren Baumansammlungen als andere. Denn auch im Wald hat der Pfälzer eigene Prioritäten: Nahrungsaufnahme. Das mag zwar manchen Menschen unrecht tun, die es mit dieser Fortbewegungsart wirklich ernst meinen (siehe oben unter „Teflon" und „Aufspießen"). Aber einem echten Pälzer macht das Wandern um des reinen Wanderns willen keinen wirk-

Über dem Poppental.

lichen Spaß. Dann könnt'er jo glei uff de Gass rumrenne un des Dschogging nenne. Nix. Für den echten Pälzer ist das Ziel nicht der Weg, sondern der Schoppe. So wie im richtigen Leben. Warum sollte es da beim Wandern anders sein. Da mag der tollste Höhenweg noch so hoch, der schönste Rundweg noch so rund sein – wenn ke Hütt mit Bewirtschaftung debei is, dann is der Weg uff jeden Fall zu trocke. Un de Woi derff zwar trocke soi in de Palz – awwer net de Hals!

Im Wald wird höflich gegrüßt
Deswegen ist für eine Wanderung ein Klick auf auf das „Online Hüttenverzeichnis" der Webseite des Pfälzerwald-Vereins genau so wichtig wie die Schlappe, wo ma an de Füß hot. Nix is schlimmer, wenn man nach Kilomeder hoffnungsfroher Erwartung über Stock und Stein an die Hütt kommt und alles is zu. Dann plötzlich wird der schöne Wald zur grünen Hölle. Die einzige Hölle aber, die Pfälzer akzeptieren, hat die Farbe rot und ist auf einem Berg in Kaiserslautern gelegen. Alsdann ohne Bewirtung zum Rückweg gezwungen, wird selbst das Grüßen der Mitwanderer zur schweren Pflichtaufgabe. Und das fällt dann unangenehm auf: „Hosch den ferddische Houdotel gseh, wie der in de Socke newer soine Schuh herlaaft! Der hot bstimmt Dorschd."

Sozial funktioniert der Wald bei uns wie ein pfälzisches Dorf, Entschuldigung: ke Dorf – en Ort. Do grüßt ma. Und wer's nicht tut, der ist fremd oder roigeritscht – oder dehydriert, weil die Hütt zu war. Egal wie – man grüßt. Das hört sich in der Theorie einfach an, kann aber durchaus auch zur Last werden, wenn die Menge der zu grüßenden Mitmenschen leichtsinnig unterschätzt wird. So geschehen an einem jungfräulich erscheinenden Montagmittag im März. Normal ist da der Wald leer. Nur im Kleinen Eppental hinter Bad Dürkheim begab es sich, dass mir zwei entgegenkommende Wanderer mittleren Alters, mit Rucksack und Doppelstock bewaffnet, ein leicht touristisch angerauhtes „Grrrüß Gott" entgegenrollten. Worauf ich natürlich zwar nicht Gott, aber doch freundlichst zurückgrüßte: „Morsche!", nicht ahnend, dass die zwei nur die Vorhut eines ganzen bayrischen Reisebusses waren. Weil der Pfad ausgerechnet an dieser Stelle aber äußerst schmal war, musste ich stehen bleiben, um ohne Ausweichmöglichkeit und jedesmal der Gefahr eines Stockstiches ausgeliefert, 56-mal ein außergewärttisch gebelltes „Grüß Gott!" pfälzisch gastfreundlichst zu erwidern.

Was für ein Glück, dass es einem die pfälzische Sprache ermöglicht, schon mit einem einfachen Laut eine gewisse Art von Höflichkeit zu bekunden: „jou". Nachdem ungefähr die Hälfte der bayrischen Wanderer-Kolonne an mir vorübergestöckelt war, wechselte ich also zu dieser etwas sparsameren Grußformel. Am Ende dachten die ersten 26 bayrischen Wanderer wohl, ich hatte sie auf „morsche" Bäume hinweisen wollen, während die zweite Gruppe vermutete, ich wäre einer örtlichen Hip-Hop-Band entsprungen. Hätte ich stehen bleiben und ihnen erklären sollen, dass der Rap nicht in New York, sondern hier in der Pfalz erfunden wurde? Ganz einfach, weil nur bei uns die entsprechenden coolen Worte und Laute schon automatisch in der Alltagssprache vorhanden sind und über Generationengrenzen hinweg gültig sind: jou, jo, yo...

Der Sagenweg bei Dahn

erleben

erfahren

Was Jungfernsprung und Drachenfels verbindet

Wo spielen wohl im Pfälzerwald die meisten Sagen? Ganz klar: auf Burgen, Felsen oder sonstwie exponierten Orten. Hauptsache oben. Und genau darüber hätte ich mal nachdenken sollen, bevor ich mich auf den Sagenweg im Dahner Felsenland mache. Drei Tage plane ich für die eigentlich 90 Kilometer lange Strecke ein – wenn ich etwas später einsteige. „Einfach mal abschalten" heißt meine Devise. Deshalb auch einer dieser „Premiumwege". Die führen nicht nur durch tolle Landschaften. Sie sind auch dermaßen idiotensicher ausgeschildert, dass nichts schiefgehen kann. Doch nach ein paar Kilometern wird klar, dass es der Sagenweg in sich hat. Aus einem Tal hoch zur Burg und wieder runter, um sofort mit dem Aufstieg zum nächsten Sagen-Schauplatz zu beginnen. Oben völlig außer Puste angekommen: Ausblick über die herrlichen Sandsteinformationen genießen. Aber bloß nicht zu lange! Denn der folgende Abstieg zieht sich. Bis es wieder steil bergauf geht. So windet sich der Sagenweg durchs Felsenland. Hoch und runter; in einem fort. Wenn die miteinander verbundenen Örtlichkeiten Namen tragen wie Jungfernsprung, Wachtfelsen, Hochstein, Felslandblick, Drachenfels und Hohenburg, sollte eigentlich alles klar sein. Auch das Höhenprofil des Weges wäre vorab interessant gewesen. Selbst schuld. Jetzt heißt es: durchbeißen. Völlig erschöpft aber stolz komme ich nach drei Tagen wieder nach Hause. Doch das nächste Mal wandere ich „Auf den Spuren der Treidler": Auch ein Premiumwanderweg, aber flach – durch die Rheinauen bei Rülzheim.

Tobias Grauheding

Felsenland-Sagenweg
Tourist-Information Dahn
Fon 06391.9196222
www.dahner-felsenland.net

Zu den Premiumwanderwegen
beim Deutschen Wanderinstitut
www.wanderinstitut.de

betrachten

erfahren

entdecken

Der Panoramawanderweg rund um Hettenleidelheim

Panoramawanderweg
der VG Hettenleidelheim
Bester Einstieg: Marktplatz,
67310 Hettenleidelheim, oder
Parkplätze an der Erdekaut
zwischen Hettenleidelheim
und Tiefenthal (Parkgelegen-
heiten)
Fon 06351.4050
verwaltung@vg-h.de
www.vg-h.de
Erdekautführungen über
VG Eisenberg:
Fon 06351.407-440

Extras
Heimatmuseum
67310 Hettenleidelheim
Hauptstraße 42
Fon 06351.42586
Di 18 - 19 Uhr geöffnet

Wo Eisvögel sich blicken lassen

Nein, ich wandere nicht besonders gern. Aber dieser Weg ist nicht eintönig, er hat Wald und Weite, kleine Abstecher erschließen uralte Kulturdenkmäler, mittendrin liegt eine ziemlich einmalige Landschaft, die Erdekaut. Und wem 20 Kilometer zu viel sind, der kann recht gut abkürzen. Der Panoramawanderweg rund um Hettenleidelheim führt durch eine Gegend, die vom durchschnittlichen pfälzischen Ausflügler nicht so gewürdigt wird, wie sie es verdient. Ganz im Westen, bei Wattenheim, ein keltisches Hügelgrab mit vorgeschichtlichem Menhir, unweit, in Richtung Lauberhof, der rätselhafte Steinkreis der „neun Steine", von dem niemand weiß, ob er Jahrtausende oder Jahrhunderte alt ist. Ganz im Osten eine seltene Kalktrockenrasenlandschaft oberhalb von Neuleiningen. Außerdem herrliche Panoramablicke übers Eisenberger Becken zum Donnersberg, auf der anderen Seite Richtung Burg Altleiningen. In der Erdekaut ist über 200 Jahre Ton und Klebsand in Tagbau- und Tiefgruben abgebaut worden. Weiher und Wasserlöcher haben sich gebildet, die sich die Natur, seit der Bergbau ab den 1960er-Jahren ausklang, zurückeroberte. Seltene Tierarten nahmen Quartier, Plattbauchlibellen und Eisvögel lassen sich sehen, Wendehals und Zwergrohrdommel flattern, und unten kriechen Unken und Molche. 2008 hat man einen Teil des 61 Hektar großen Landschaftsschutzgebiets zur touristischen Erlebnislandschaft umgestaltet: mit abgezirkelten Spazierwegen, Aussichtsplätzen, Riesenrutsche und dem größten Sandspielplatz in Rheinland-Pfalz.

Roland Happersberger

Burg Erfenstein bei Lambrecht

 betrachten
 erfahren
 entdecken

Sagenhaftes Naturerlebnis

Schwindelfrei müssen sie schon gewesen sein, die alten Rittersleut'. Zumindest jene, die einst die benachbarten Burgen Erfenstein und Spangenberg bewohnten. Der Sage nach hat eine lederne Brücke die beiden Burgfriede miteinander verbunden, die nur durch das enge Tal des Speyerbachs getrennt waren – und durch die Grenzlinie zwischen dem Fürstbistum Speyer und den Ländereien der Leininger Grafen. Obwohl sie verschiedenen Herren dienten, sollen sich die Burgbewohner der Überlieferung zufolge angefreundet und die Brücke bei gegenseitigen Besuchen nahezu täglich überquert haben. Allerdings nur so lange, bis sie auf Burg Spangenberg in einen bösen Streit gerieten. Als der Erfensteiner zurückeilen und sein Schwert holen wollte, soll sein Kontrahent die ledernen Befestigungsriemen gekappt haben, der einstige Freund in die Tiefe gestürzt sein. Heute erinnert auf Burg Erfenstein eine Tafel zwischen eindrucksvollen Mauern an diese Legende, die beim Blick von der Aussichtsplattform unweigerlich vor dem inneren Auge abläuft – so nah scheint die Spangenburg gegenüber. Seit 1994 sind die beiden Ruinen wieder verbunden: durch den Drei-Burgen-Rundweg, an dem auch die Ruine Breitenstein liegt. Wem Auf- und Abstiege zu anstrengend sind, der kann auf der stillen Schutzburg aus dem 13. Jahrhundert aber auch wunderbar verweilen und picknicken oder einfach die Natur auf sich einwirken lassen. Mit etwas Glück gesellt sich vielleicht sogar eine zahme Eidechse zum gemeinsamen Bad in der Sonne hinzu.

Gisela Huwig

Burg Erfenstein
in Erfenstein bei Lambrecht
ganzjährig geöffnet

Burg Spangenberg
mit Burgschänke
Öffnungszeiten:
Sa 13 - 19 Uhr
So, Feiertage 10 - 19 Uhr
Januar sind Burg und Burgschänke geschlossen.
Führungen, Vereinsfeste, Rittermahle nach Vereinbarung:
Fon 06325.7873
www.burg-spangenberg.de

Luitpoldturm auf dem Weißenberg/Südpfalz

Der 35 Meter hohe Luitpoldturm wurde bereits 1909 auf dem 610 Meter hohen Weißenberg als Aussichtsturm errichtet. Vom Hermersbergerhof ist der eckige Sandsteinturm in 10 bis 20 Gehminuten zu erreichen. Und der Dank der Wanderer gilt seit gut 100 Jahren dem „Gräfensteiner Verschönerungsverein".

76848 Wilgartswiesen
(Hermersbergerhof)
www.hermersbergerhof.de
und www.pfalz-info.com

Öffnungszeiten:
Ganzjährig geöffnet und frei zu begehen; zu erwandern vom Weiler Hermersberg – Markierung „Blaues Kreuz".

Bärenbrunnerhof Schindhard

Der in einmaliger Kulisse im Südteil des Pfälzerwaldes gelegene Bärenbrunnerhof aus dem 18./19. Jahrhundert wird heute als Biobauernhof mit Gaststätte und Ferienwohnungen betrieben. Freitags wird Brot gebacken, geritten wird auf Funny und Sunny, der kleinen Frechen und der kleinen Braven. Im Hofladen gibt es viel Fleisch und Wurst und auf den Wiesen und im Stall leben Kühe, Schweine, Ziegen, Schafe und jede Menge Hühner.

66996 Schindhard
Fon 06391.5744
gaststaette@baerenbrunnerhof.de
www.baerenbrunnerhof.de

Öffnungszeiten:
1. April - 6. Nov Mo - Fr
ab 11 Uhr; Sa, So, Feiertage ab 9 Uhr.

Haus der Nachhaltigkeit Johanniskreuz

Schon das Gebäude mit Lüftungsklappen und begrünter Dachterrasse – ein Musterbeispiel für „nachhaltiges Bauen" – fällt durch seine Formensprache auf. Drinnen zeigt das idyllisch gelegene Infozentrum anhand von Dauerausstellung, wechselnden Präsentationen und Filmen, welche Wege zu einem nachhaltigen Lebensstil führen.

67705 Trippstadt
Johanniskreuz 1a
Fon 06306.9210130
hdn@wald-rlp.de
www.hdn-pfalz.de

Öffnungszeiten:
Täglich (außer Sa)
von 10 - 17 Uhr.

Lama-Wandern
Bad Dürkheim

Weil Lamas eine außerge-
wöhnliche Ausstrahlung
haben, sind sie die perfekten
Wanderkollegen – an der
Leine, nicht unter dem Sattel,
wohlgemerkt! Sogar Kinder
dürfen mit auf die mindestens dreistündige Tour durch
die Weinberge, bei der es
neben Entspannung in der
Natur auch eine Brotzeit für
die Menschen gibt.

67098 Bad Dürkheim
Im Riedwingert 30 a
Fon 06322.943540
www.lama-wandern.de

Ganzjährig
nach Vereinbarung.

Pfälzerwald-Verein e.V.
Neustadt/Weinstraße

Wandern, Natur, Geselligkeit
und Kultur: Das sind die
Stichpunkte der Arbeit des
1902 gegründeten Pfälzer-
wald-Vereins mit seinen
30.000 Familien- und Einzel-
mitgliedern. Ein Netz mar-
kierter Wanderwege von
12.000 Kilometern, Natur-
schutz, Wanderkarten und
mehr als 100 Wanderhütten
sind seine Hauptbetätigungs-
felder.

67433 Neustadt/Weinstraße
Fröbelstraße 24
Fon 06321.2200
info@pwv.de
www.pwv.de

Pfälzer
Prädikatsfernwanderwege

Ganz gleich, ob es eine ein-
zelne Etappe oder ein mehr-
tägiges Wandererlebnis sein
soll: Die drei Routen Pfälzer
Höhenweg, Pfälzer Waldpfad
und Pfälzer Weinsteig mit
insgesamt mehr als 400 Kilometern führen durch die unterschiedlichsten Landstriche
und zeigen Wald, Wein und
Wandergenuss in der Pfalz
in seiner schönsten Form.

Pfalz.Touristik e.V.
67433 Neustadt/Weinstraße
Martin-Luther-Straße 69
Fon 06321.39160
info@pfalz-touristik.de
www.pfaelzer-wanderwege.de

Der perfekte Urlaubstag in der High-mat, Zeitreise
in die 1950er-Jahre, die Schilder, die Schrift, die Sitz-
kissen (!) und oben die original stilechte gutpälzische
Gaststätte auf der Rietburg – alles sympathisch perfekte „old-school". Des hot's frieher aa schunn gewwe –
un soll aa so bleiwe!
Comedyantische Recherche-Möglichkeiten: super!
Besonders am Wochenende, wenn unten auf dem
Parkplatz schon mindestens zwei Busse stehen.
Ausblick: Einer der schönsten der Pfalz (wenn man
sich Philippsburg wegdenkt...).

Lieblingsplatz:
Rietburgbahn
in Edenkoben.

Underground

Unne, drunne, hunne

Der Untergrund ist für den Pfälzer eine wichtige Dimension. Das liegt nicht gleich auf der Hand, schließlich ist bei uns normalerweise viel zu gutes Wetter, als dass man sich gerne verkriechen möchte. Und auch mentalitätsmäßig ist der Pfälzer dem ins helle Licht strebenden „Osolemio" der Italiener viel näher, als dem dunkel-feuchten Friedhofsschmäh der Wiener. De Pälzer is ken Grufti. Und trotzdem verschlägt's ihn immer mal wieder in dunklere Gefilde, in schattige Halbwelten, ins schummrige Souterrain der Welt. Das hat auch und wieder mal mit seiner Ge-chich-te zu tun.

Schon 1832 beim Hambacher Fest fing's an. Erschd ging's nuff uff de Berg, um dort der doppelten Pfälzer Lieblingsbeschäftigung zu frönen, dem Schoppepetzen und dem Babbeln. Weil einige der weintrinkenden Redner für damalige Verhältnisse ihre Gosch aber zu voll genommen hatten,

kamen sie nicht umhin, für eine Weile abzutauchen, ganz dief nunner – into se Andergraund, verfolgt von monarchistische Mollekepp und bayrischen Soldaten (hier liegt wohl auch die Wurzel dieses einzigartig rebellischen Gefühls, was sich in der ganzen Pfalz breitmacht, wenn einmal im Jahr die Bayern kommen, um unseren Betzenberg zu schleifen und die Roten Teufel in den Untergrund zu verbannen). Insofern ist das „Nie mehr, zweite Liga, nie mehr, nie mehr!" sowohl gesungene Beschwörung gegen die Gefahr des Abstiegs, als auch rebellische Hymne gegen owwergscheite Millionarios mit schwäbischen Präsidenten.

Trotz seiner revolutionären Vergangenheit ist der Pfälzer heutzutage zwar lieber legal unterwegs. Aber seine Liebe für den Untergrund hat sich dennoch erhalten. Jahrzehntelang lagerte die unentbehrliche Zutat zur pfälzer Magenpflege im Untergrund des Hauses: die Grumbeere. Dass ma gut üwwer de Winter kummt. Do hot de ganze Keller nooch Acker geroche. Frühkartoffeln aus Zypern? Des hots frieher net gewwe.

Feige vun dort vielleicht, ja. Awwer sowas wie Grumbeere aus Ägypte? Niemols. Un heit? Wachse die Feige bei uns uff de Terrass un de Keller is leer, weil de Supermarkt voll is mit Nicola aus Alexandria. Deswegen muss man den Untergrund heute anderswo suchen. Dazu kann man nach Nothweiler ins Wasgau gehen, um im Besucherbergwerk St. Anna-Stollen wirklich bis tief in die Pfälzer Erde vorzustoßen. Super-Erlebnis vor allem mit fachkundiger eingeborener Führung. Schon die Kelte hawwe do in graue Vorzeite Eiseerz gekratzt. Kein Wunder, dass bei soviel Untergrund das Motto der Gemeinde ein eher lustiges, äh, luftiges ist: „Nothweiler – dort wo der Fuß im Wald und das Herz im Himmel baumelt". Wahrscheinlich ist der schöne Pälzer Spruch ja auch hier entstanden: „Wer's long hot, losst's long bomble!"

Eine Aussage, die auch auf so manchen Winzer zutrifft, der unter seinem Gut im Wingert-Untergrund lange Gänge hat mit Fässern, Flaschen und fröhlich vor sich hinglucksender Flüssigkeit, meterweise, kilometerweise. Manche Ortschaften an der Weinstraße sind geradezu unterhöhlt mit Kellern und edlen Flüssigkeiten, die nur darauf warten, vom steinernen Untergrund des Kellers in den menschlichen Untergrund des Magens versenkt zu werden. In manchen Führern wird die gesamte Pfalz geschichtlich sogar als „Weinkeller des Heiligen Römischen Reiches Deutscher Nation" bezeichnet. Jo, wer's long hot...

De hausgemachte Underground
Wahrer Untergrund lässt sich auch finden in einschlägigen Musik-Etablissements. Wer außer den 15 Stammgästen weiß schon, was hinter den Mauern solcher Zentren der Lokalkultur wie dem „Bistro Konkurs" oder dem „Treff bei Moni" in

solch permanent unterschätzten einheimischen Ortschaften wie Hochdorf-Assenheim, Glan-Münchweiler oder Waldfisch-bach-Burgalben vor sich geht. Oder die inzwischen wirklich zur Kult gewordene Institution der „Krähenhöhle" in Bad Dürkheim. Offiziell eine Musikneipe, inoffiziell eine Zeitma-schine – schon beim Betreten geht man auf die Reise in ver-gangene Jahrzehnte, als Gitarrenriffs noch aus dem Hand-gelenk und nicht aus dem Computer kamen. Die Höhle der Krähen hat zwar Fenster, durch die man hinausschauen könnte, aber glücklicherweise haben Schweiß, Rauch und rebellische Sentimentholitäten einen grauen Zeitschleier der Leidenschaft auf das einstmals transparente Glas gelegt. Des is echter hausgemachter Underground.

Auch beim Wein ist der wichtig. Wer ab und zu auch mal was anderes zu sich nimmt als nur Weißherbschdschorle mit Wein Nr. 3, halbtrocke, der weiß, was für das Wachsen und ge-schmackliche Gedeihen der Reben wichtig ist: der Untergrund, das worauf die großen Gewächse wachsen, das Terroir. Dieses Wort wird zwar vom intelligenten Pfälzer eher gemieden, weil man bei falscher Sprachverwendung in den heutigen parano-iden Zeiten ganz schnell Probleme bekommen kann. Sagsch e paar Mol „Terroir" am Telefon – un schunn kummt das Son-dereinsatzkommando un macht sich über dein Weinkeller her, weil du do vielleicht was Illegales gelagert hoschd. Un dann stell dir mol vor, die deten wirklisch was Schlimmes finne: e Flasch Woi aus Rheinhesse. Wie willsch'n des erkläre? Wenn des rauskumme det, gäb's drei Jahr lang Hausverbot uff'm Worschdmarkt. Un des wär dann wirklich schlimmer wie der unterschde Untergrund.

erleben

betrachten

Die Kammgarn in Kaiserslautern

Kulturprogramm mit Kult-Charakter

Die Knie werden weich: Bernard Allison, genialer Blues-Gitarrist und Sohn der Musiker-Legende Luther Allison, steht plötzlich neben mir, begrüßt mich mit Handschlag und fragt, wie wir den Gig fanden. Einmal kneifen bitte! Hat der nicht eben noch auf der Bühne die Halle zum Beben gebracht? Solche Szenen sind bei Events in der ehemaligen Kammgarn-Fabrik immer drin. Und gastiert haben dort seit der Eröffnung 1988 schon etliche Größen, die spontane After-Show-Meetings zum unvergesslichen Erlebnis machen können: Maximo Parker, Culcha Candela, Max Mutzke, Sportfreunde Stiller, B.B. King, Die Ärzte (unter dem Pseudonym „Laternenjoe")... Die Liste lässt sich fortsetzen, der Erfolg sich beziffern: Über vier Millionen Besucher haben in 22 Jahren rund 7.000 Veranstaltungen besucht. Aber das Programm ist es nicht allein, was die Kult(ur)-Stätte in Kaiserslautern so „hip" macht: Ein Hauch von Subkultur weht auf dem alten Werksgelände mit dem düsteren Industriecharme, in dem Accessoires der Postmoderne grelle Akzente setzen. Zwei Bühnen mit Charakter: der coole Cotton-Club für 400 Zuschauer im Keller, der jeder Jazzkneipe Konkurrenz machen kann, und das Kasino für bis zu 1.200 Gäste mit stylischer Besucherlounge. Ehrliche Konzerte ohne überladene Technik. Prima Talentscouts, die auch dem Nachwuchs eine Chance geben. All das macht die Kammgarn zur echten Lieblingslocation. Wer dann auch noch seine Idole zufällig am Tresen im Foyer trifft, der kommt allemal gerne wieder!

Gisela Huwig

Kammgarn
67659 Kaiserslautern
Schoenstraße 10
Fax 0631.96614
service@kammgarn.de
Programm/Kontakte:
www.kammgarn.de

Extras
Tickets für Kammgarn-Veran-
staltungen auch bei Thalia
Fon 0631.36219814

Urweltmuseum Geoskop
auf Burg Lichtenberg

erleben · erfahren · entdecken

Die spitzen Zähne des Dachschädellurchs

„Die haben da versteinerte Knoddel vom Haifisch", ist das erste, was Kaya ihrer Mutter beim Nachhausekommen erzählt. Kaya ist acht, aufgeweckt und neugierig. Doch ist für sie ein Museum, das ausschließlich versteinerte Pflanzen und Tiere zeigt, nicht ein furchtbarer Gute-Laune-Killer? Massive Bedenken machen sich auf der Anfahrt breit. Vorsorglich wird schon mal ein großes Eis versprochen, wenn wir durch sind. Doch Kaya ist vom „Geoskop", so heißt das Museum auf Burg Lichtenberg bei Kusel, begeistert. Einen Stein im Brett hat das 1998 eröffnete Haus bei ihr schon an der Kasse. Denn hier liegen viele bunte, glattgeschliffene Steine, teilweise als Schmuck verarbeitet, zum Kauf bereit. Da gibt's schon mal einiges zu gucken. Im Untergeschoss werden die Augen aber noch größer. „Der hat hier doch nicht wirklich mal gelebt, oder?", fragt Kaya beim Anblick eines großen Dachschädellurchs mit beeindruckend spitzen Zähnen. Dieser Urzeit-Geselle stammt aus Jeckenbach bei Meisenheim. In der Rotliegenden-Zeit, vor fast 300 Millionen Jahren, lange bevor es Dinosaurier gab, hat dieser Dachschädellurch schon das Zeitliche gesegnet. Er ist in den Schlamm auf dem Boden gesunken und wurde unter Sedimentschichten selbst zu Stein. Heute ist er also im Museum zu bewundern. Genauso wie die kleinen Süßwasserhaie, die sich einst in den vielen Gewässern der Region tummelten. Und dann sind da noch deren versteinerte Ausscheidungsreste. Da hat man doch einiges zu erzählen!

Tobias Grauheding

Geoskop Urweltmuseum
Burg Lichtenberg
66871 Thallichtenberg
Fon 06381.993450
www.urweltmuseum-geoskop.de
Öffnungszeiten:
April - Okt täglich 10 - 17 Uhr
Nov - März täglich 10 - 12 Uhr
und 14 - 17 Uhr

Extras
Regelmäßig findet eine Forschungswerkstatt für Kinder statt.

erfahren

entdecken

Erzgrube St. Anna in Nothweiler

Im Bauch des Berges

420 Meter tief führt der St.-Anna-Stollen in den Berg hinein, mit Hammer und Meißel so geformt, dass ein Mensch bequem laufen, zwei zur Not aneinander vorbeikommen können. 20 Zentimeter, so schätzt man, schaffte ein Hauer pro Tag; insgesamt soll das Stollensystem zehn Kilometer lang sein. Mindestens 400 Jahre hat man im Kolbenberg im südwestpfälzischen Nothweiler, direkt an der französischen Grenze, mühselig nach Eisenerz gegraben, zuletzt unter der Ägide der Familie von Gienanth, die hier bis 1883 schürfen ließ. Ehrenamtlicher Einsatz Einheimischer brachte es so weit, dass man 1978 die Erzgrube St. Anna als Schaubergwerk wiedereröffnen konnte, in dem auch der Laie sich in die Tiefe tasten darf. Ein eindrucksvoller Weg. Schließlich steht der Wanderer vor der Haupt-Erz-Ader. Oder der Höhlung, die von ihr übriggeblieben ist. Scheinbar endlos windet sie sich in die Höhe und in die Tiefe, jeweils 80 Meter. So tief ist auch ein Schacht, durch den die Erze nach unten geworfen wurden – damit sie brachen. Über einen weiteren Ausgang wurden sie fortgeschafft. Das taten einst Kinder. Auf starken Planen schleiften sie die eisenhaltigen Brocken nach draußen. Andere rannten, so erzählt man, – zumindest in den Anfangsjahren – mit großen, offenen Säcken in den Stollen hin und her, um die Luft auszutauschen. Die ist heute sehr wohltätig: pollenfrei, was Allergiker mögen, von 80-prozentiger Feuchte, und fast das ganze Jahr um die neun Grad kühl. Manche kommen immer wieder, um die erdende Kraft der Metallader zu verspüren.

Roland Happersberger

Besucherbergwerk
St.-Anna-Stollen
Parkplatz am Waldrand
76891 Nothweiler
Fon 06394.5354 und
06394.1223
kurt.goertler@t-online.de
www.nothweiler.de
Öffnungszeiten:
Ende März - Ende Okt
Di - So und Feiertag 10 - 17 Uhr
Führungen zu jeder vollen
Stunde, letzte Führung 17 Uhr
Montag geschlossen,
Feiertage geöffnet.

Die Mikwe in Speyer

betrachten   erfahren

Tiefe Wasser

Manchmal sind keine Touristen da. Dann entfaltet dieser Ort im Nu ungeheure Kraft. Schräg geht es hinab in den Bauch der Erde. Seit 900 Jahren. Nichts scheint sich seitdem geändert zu haben. Na gut, nicht übertreiben: Putz und Farbe im Gewölbe sind neu. Aber die Steine sitzen noch übereinander, wie sie vor 1128 die Handwerker der Dombauhütte geschichtet haben, und unten im Schacht funkelt klares, reines Wasser. Eine enge, gerundete Treppe führt hinab. Die Füße wollen aus den Flip-Flops fahren und das Wasser spüren. Darf man die spiegelglatte Wasserfläche stören? Touristen haben keine Bedenken und werfen Münzen hinab. Wenn – selten genug – ein orthodoxer Jude kommt und ins reinigende Wasser steigen will, muss das Geld vorher entfernt werden, hat vorhin eine Führerin ihren andächtig lauschenden, vom Ort sichtlich beeindruckten Zuhörern erzählt. „Besprenge mich mit Ysop, so werde ich rein; wasche mich, und ich werde weißer als Schnee". Dieser Vers aus dem 50. Psalm „Miserere" verweist auf den bedeutenden Rang, den das Judentum ritueller Reinheit, gewonnen in sauberstem Wasser, zumisst. Zu gewissen Zeiten sind Reinigungsbäder in „lebendigem Wasser", das auf natürliche Weise zusammengeflossen ist, erforderlich. In der Enge einer mittelalterlichen Stadt war dies nur durch Vorstoß ins Grundwasser möglich. Das Ritualbad ist nahezu unversehrtes Zeugnis der wirtschaftlichen und intellektuellen Blüte der Speyerer Judenheit im hohen Mittelalter, die bedeutendste derartige Anlage in Deutschland.

Roland Happersberger

Jüdisches Ritualbad (Mikwe)
Judenhof
Kleine Pfaffengasse 20/21
67346 Speyer
Führungen: 06232.291971
info@verkehrsverein-speyer.de
www.speyer.de
Öffnungszeiten:
1. April - 31. Okt,
täglich 10 - 17 Uhr
1. Nov - 30. März,
Di - So 10 - 16 Uhr

betrachten

genießen

erfahren

entdecken

Kellerführung im Weingut Reichsrat von Buhl

Mit viel Tradition und modernster Technik

Die Geheimnisse von Weinen und Sekten dort zu erfahren, wo sie reifen – eine Gelegenheit, die ich mir nicht entgehen lassen kann. Vor allem dann, wenn eine Führung durch einen der ältesten Keller der Pfalz, durch den des Weingutes Reichsrat von Buhl in Deidesheim, auf dem Programm steht. Von schätzungsweise 300 Jahren Weinbau erzählen die beeindruckenden Mauern in dem Gewölbe, von dem noch etwa 800 Meter begehbar sind. Gut zwei Kilometer seien es einst gewesen, so wird erzählt. In diese Welt einzutauchen ist einfach faszinierend und die Veranstalter tun alles, damit das auch so bleibt. Über eine Steintreppe geht es hinab unter die Erde, wo die riesigen alten Holzfässer stehen, in denen Rieslinge, Burgunder und Co. lagern. Es riecht nach Gärung, das Licht ist schummrig, nur ein paar Kerzen flackern und versprühen den Hauch Romantik des Weinbaus, der vielerorts nicht mehr zu finden ist. Ein Glas spritziger Sekt öffnet weiter die Sinne für viel Informatives und Geschichtliches, das der charmante Experte zu erzählen hat. Von den Anfängen des Weinbaus im Gut, auch von technischen Entwicklungen, von der Sorgfalt, mit der die Trauben behandelt werden, von mystischen Geschichten, die sich um den Wein ranken. Spannend, aufregend – so muss Weinbau nach den Ausführungen des Kellermeisters wohl sein. Und für einen Augenblick vergesse ich, wie viel harte Arbeit hinter guten Weinen und Sekten steckt... Um dann noch eine weitere Kostprobe zu bekommen und mich daran zu freuen, dass Menschen so viel für guten Wein tun.

Markus Giffhorn

Weingut Reichsrat von Buhl
67146 Deidesheim
Weinstraße 16-24
Fon 06326.965019
info@reichsrat-von-buhl.de
www.reichsrat-von-buhl.de

Pfälzisches Bergbaumuseum Weiße Grube/ Grube Maria Imsbach

Im Pfälzischen Bergbaumuseum und in den beiden Besucherbergwerken „Weiße Grube" und „Grube Maria" im ehemaligen Bergmannsdorf Imsbach können Besucher Geschichte und Alltag des Bergbaus hautnah erleben.

67817 Imsbach
Langental 1
Fon 06302.3448
info@bew-imsbach.de
www.bew-imsbach.de

Öffnungszeiten:
2. April - 1. Nov
Sa 13 - 17 Uhr,
So, Feiertage 10 - 17 Uhr,
Sommerferien in RLP,
Di 13 - 17 Uhr und nach
Vereinbarung.

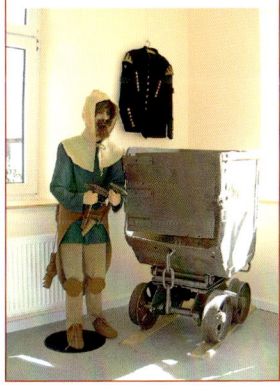

Historisches Besucherkalkbergwerk Wolfstein

Die weiße Bergmannsjacke anziehen, den Helm aufsetzen: Schon kann's losgehen durch Stollen und Kammer unter Tage. In echten Grubenbahnen wird eine spannende nicht alltägliche Welt erfahren. Über Tage gibt es Kalkbrennöfen und einen Film zu sehen.

67752 Wolfstein
Am Königsberg
Fon 06304.9130 oder
06304.1739
info@vg-wolfstein.de
www.kalkbergwerk.com

Öffnungszeiten:
Ende April - Anfang Nov
So, Feiertage 13 - 18 Uhr
und nach Vereinbarung.

Pfälzisches Steinhauermuseum Alsenz

Die Geschichte der Steinhauerei – vom Aufstieg über die Blütezeit bis zum schnellen Niedergang –, aber auch des harten und kargen Alltages der Steinhauer wird im malerischen Fachwerkhaus unter anderem anhand einer Werkstatt und zahlreichen Werkstücken sichtbar gemacht.

67821 Alsenz
Am Marktplatz
Fon 06362.3030
HVNA-Alsenz@web.de
www.steinhauermuseum.de

Öffnungszeiten:
Mai - Okt So von 14 - 17 Uhr
und nach Vereinbarung.

Was do so alles wachst

Wir Pfälzer sind stolz auf unsere Gewächse. Üwwerall wächst was – bei uns sogar ohne „ä". Was woanders wächst, des wachst in de Palz. Was heißt: Bei uns wachst's wie gschmiert und deswegen besser wie woannerschder. Wegem Land, wegem Bodde, wegem Klima. Während die andern Deutschen noch in Daunenjacken vor sich hinbibbern, hocken wir schon im Ballonseide-Kittel unnerm blühende Mandelbaum un hebe unsern Dets in die Sunn. Un deswegen wachst bei uns alles do dermaße heftig. Überall wachst was: Gemüs un Obscht un Beere un Kräuder un Stengel un Knolle un Bolle in die Volle. In der Vorderpalz, alles voller Äcker un Trecker, reiheweis Salat und Grumbeere und Sparchel und Kohl und Schlodde. Wer da zu bestimmten Zeiten mit offenem Fenster durchfährt und das Aroma mal richtig einsaugt, der braucht ke Mittagesse mehr. Wie steht's auf den Schildern an der Autobahn?!

Gewächse

„Gemüsegarten Rheinpfalz". Und weiter Richtung Haardt – da wachst das Rebenmeer: Trauben, Henkel, ganze Klötze voller Wein. Wein, wohin das Auge blicke un de Dorschd einen locke dut. Was für ein Anblick: Überall wachst's so schön und grad in Reih und Glied. Und daraus erwachsen Einser-Schorle-Worschdmarkt-Rieslinge in de Literflasch genauso gut wie Große Gewächse, wo ma nur im Fingerhut schlozze konn.

Ach Gott, wachst's do! Große Fässer, Feste in alle Dörfer un Weiler. Und an den Hauswänden und in den Gärten: Feige, Palme, Akazie, Zypresse, Säule, Amphore, Haffe. Un in Steinfeld, SÜW: Kakteen wie in Mexiko.

So Zeug hast du dir vor ein paar Jahren noch im Urlaub klauen müssen. Heute is bei uns so fruchtbar, da wachse sogar im Baumarkt in der Grünabteilung die Zitrone. Des hot's frieher net gewwe. Do hasch du im Baumarkt noch Schraube gekauft und Näggel und Latte. Un heit gibt's die Latte im Coffeeshop. Un im Baumarkt wachst's wie an de Cotzdazur. Un do gibt's Deko. Das is heute ganz wichtig, Deko: Vase, Matte, bunte Steinchen, farbiger Sand. Sogar Bilder gibt's im Baumarkt zu kaufen. Was is do druff? Tomate. So Riese-Wescher vun Tomate. Hängen sich die Leit in die Küch, weil'se net wisse, wie Tomate aussehe. Und Äste und Zweige gibt's auch zu kaufen. Früher hat man den Grünabfall zum Wertstoffhof gebracht oder dem Nachbarn über den Gartenzaun geschmissen. Un heit? Stecksch des Zeigs in so en Glashaffe, stellsch's ins Wohnzimmer un saachsch Ambiente dezu. Un schunn wachst im Wohnzimmer des Gstripp.

Kisten auf den Bäumen

Dann schon lieber wieder raus, de Berg nuff wachst richtig was: Bäume, Laub,- Nadel-, Mischwald-Bäume, Gewächse aller Arten, Sträucher, Farne, Rehe, Füchse, Wildsäu, überall wachst's. Unten: Pilze, Beere, blaue, rode, grüne. Und oben, an den Bäumen wachst's aa noch: Esskastanien, Keschde. Des is alles so furchtbar fruchtbar, da geraten sogar außergewärttische Touristen ins Schwärmen: „Ich hab gehört, hier wachsen sogar Kisten auf den Bäumen." Ja, die Keschde wachse hier. Und dann im tiefe, bunte Herbschd − plopp, plopp, plopp − falle se widder runner. In manche Gebiete is der Keschde-Schlag dermaße heftig, dass so mancher Eingeborene nur noch mi'm Helm in de Wald geht.

Überall wachst's. In de Eiswoog wachse die Forelle aus'm Wasser un im Wasgau wachse die Felse aus de Bäum un uff'm Betzeberg wachse die Talente aus'm Rasen, um bissel später von de Bayern weggekauft zu werden. Egal, es wachse ja immer wieder welche nach.

Um richtig zu erfahren und erschnüffeln, wie toll des ist, was bei uns alles wachse dut, fahr mi'm Fahrrad über die Äcker, vorbei an Grumbeere, Lollo-Salate un Rettich-Felder, un zieh dir des Aroma noi. Rüber nach Fußgönheim ins Deut-

Im Berntal.

sche (!) Kartoffelmuseum. Dapp nur ämol im Oktober durch die Wingerte und saug den fruchtige Odem vom Bacchus ein − un du weesch, was isch mään!

Ja sogar do, wo ma meint, es wächst gar nix mehr, wachst was − in Ludwigshafe. Wenn ich seh, wie dort die Schwade wie e Kunschdwerk in de Himmel wachse und am Rhein die Blätter von de Papple, wo im Wind minanner babble, dieweil die Schiff vorbeirapple un die Kinner uff de Wiesse zapple... Wenn ich des seh, dann weiß ich widder, dass ich nirgendwo annerschder dehääm soi will, als wie genau do. Weil wenn do was wachst, dann awwer rischdisch!

erleben

genießen

entdecken

Der Japanische Garten in Kaiserslautern

Ein Ort der Meditation

Unter alten Buchen lispeln Bambusrohre. Mädchenkiefern krümmen sich in Bonsai-Formen. Und im Teich am Teehaus ziehen dicke, alte Kois stumme Runden. Wer nach einiger Suche – der Eingang liegt etwas versteckt in einer Seitenstraße der Lauterstraße – den Japanischen Garten in Kaiserslautern betritt, landet in einer fernöstlich durchgestylten Oase. Vor wenig mehr als zehn Jahren war das hier noch wüste Baustelle und nur die Idee eines schönen, von fernen Idealen bestimmten Ortes. Jetzt ist ein artifizielles Idyll entstanden, das auf vielfältige Weise Bezug nimmt auf die japanische Topographie. Beispielsweise durch seine Teichlandschaften: Weil Japan eine Inselwelt ist, spielt Wasser eine elementare Rolle in der Gestaltung. Selbst die steinerne Trockenlandschaft des Zen-Gartens spinnt das Insel-Thema fort, auf freilich abstraktere Weise. In Wellenrillen umfließt hier penibel gerechter Kies größere Felsbrocken. Mit einer Fläche von rund 13.500 Quadratmetern ist der Japanische Garten in Kaiserslautern übrigens der größte seiner Art in Europa. Und auch wenn seine sorgsam in Zucht gehaltene Architektur den Lärm der Stadt nicht ganz ausblenden kann, so ist das doch ein Ort, an dem es sich trefflich meditieren lässt. Etwa über Vergänglichkeit und das Alte im Neuen. Denn dort, wo sich jetzt der Japanische Garten erstreckt, verwilderten zuvor zwei Villengärten. Von ihnen rührt nicht nur der alte Baumbestand her, sondern auch noch so manche Treppenspur, die sich nun, ziellos, ins östliche Flair integriert.

Kai Scharffenberger

Japanischer Garten
Kaiserslautern e.V.
67657 Kaiserslautern
Am Abendsberg 1
Fon 0631.37066-00
www.japanischergarten.de

Exotenpfad in Neustadt an der Weinstraße

betrachten

erfahren

Auf dem „Balkon der Pfalz"

Warum in die Ferne reisen, wenn die Exoten blühen so nahe. Die Pfalz wird gerne als Toskana Deutschlands bezeichnet, denn im milden Klima gedeihen selbst Feigen, Zitronen und Auberginen. Beim Bummel durch die malerischen Gassen der Neustadter Innenstadt kommt in der warmen Jahreszeit richtig Urlaubslaune auf. Vorbei am üppigen Angebot des Wochenmarkts geht es entlang exotischer Gewächse, mediterraner Palmen und blühender Parkanlagen über den Haardter Treppenweg zur Welsch-Terrasse hinauf. Eine Parkanlage, die um 1900 von einem Haardter Pfarrer angelegt wurde und mit weitem Blick über die Stadt und das Rebenmeer belohnt. Hier blühen Araukarie aus Südamerika, Cryptomeria – eine aus Japan stammende Sicheltanne – und Flügelnuss aus Westasien. Wer hier oben auf dem „Balkon der Pfalz" ein Picknick und Boule-Spiel mit Freunden genießt, fühlt sich mindestens wie Gott in Frankreich. Südliche Pflanzen, bizarre Bäume, eine Vielzahl von Kakteenarten und üppig angelegte Blumenbeete gedeihen hier. Ein Ort der Ruhe. Im Lichtspiel der Blüten und dem Windspiel der Bäume kann man sich herrlich weit weg träumen, schon fast die Brandung des Meeres hören, bis einen der Ruf der Freunde wieder zurück auf pfälzischen Boden holt. Die Boule-Kugeln liegen bereit, die silberne kleine „Sau" am Platz, ich bin an der Reihe zu spielen. Aus der Traum, jetzt ist höchste Konzentration gefragt...

Sabine Demirci

Tourist Information
67433 Neustadt
an der Weinstraße
Hetzelplatz 1
Fon 06321.926892
www.neustadt.eu

Extras

Spazierpfad zu exotischen Bäumen und Plätzen der Stadt mit den Stationen: Hauptbahnhof, historische Altstadt, Park der Villa Böhm, Rosengarten, Dr. Welsch-Terrasse. Rundweg von etwa 2,5 Kilometern, Höhendifferenz etwa 80 Meter, Schwierigkeitsgrad: einfach.

betrachten

genießen

entdecken

Die Kleine Kalmit

Eine wie gemalte Szenerie

Es ist eine beglückende Ruhe. Es ist ein faszinierender Rundumblick. Es ist ein wunderbares Stück Natur. Drei Aspekte, die die ganz spezielle Schönheit der Kleinen Kalmit zwischen Arzheim und Ilbesheim in der Südpfalz ausmachen. Nur wenige Auto-Minuten von der Stadt Landau entfernt, findet man sich nach einem kleinen Spaziergang unvermittelt in der Stille wieder. Auf der nur 270 Meter hohen Erhebung, die eine Kapelle ziert, ist man inmitten eines Szenarios, das einem wie gemalt erscheint. Ringsum Reben, in geraden Zeilen klar gegliedert. Dazwischen, wie eingestreut oder eingezogen, kleine Orte, Bachläufe, Wege oder Straßen. Dieser Landschaftsteppich breitet sich zwischen dem dunkelgrünen Rand des Pfälzerwaldes im Westen und der Weite der Rheinebene im Osten aus. Der kleine Hügel – als Naturschutzgebiet ausgewiesen – ist zudem ein botanisches Kleinod mit artenreicher Flora und Fauna. Die Kleine Kalmit stellt nicht zuletzt auch eine geologische Rarität dar. In einer Reinheit, wie sie sonst selten ist, findet man hier tertiären Landschneckenkalk als Boden. Zusammen mit dem milden Klima und der Tatsache, dass die Sonne ganztags die Hänge wärmen kann, sorgt dieser für besondere Weine. Die Einzellage „Ilbesheimer Kalmit" ist seit 2008 in das Kataster der großen, alten Lagen aufgenommen. Und einmal im Jahr – immer am letzten Wochenende im Juli – bewirten die Ilbesheimer Winzer ihre Gäste inmitten dieser Idylle. Kein Wunder, dass das Kalmitweinfest seit 2004 die Krone „Schönstes Weinfest der Pfalz" schmückt.

Michael Dostal

Kleine Kalmit
zwischen Arzheim und Ilbesheim (Südpfalz bei Landau)

Extras

Weinlehrpfad:
www.weinlehrpfade.de/pfalz/
ilbesheim/Ilbesheim.htm
Kalmitweinfest: Immer am letzten Juli-Wochenende.
www.ilbesheim.de
Buch: Michael Geiger (Hrsg.),
„Haardt, Weinstraße und Queichtal. Ein Geo-Führer.",
Pollichia-Sonderveröffentlichung, 2008,
ISBN 978-3-925754-54-8.

Der Rosengarten in Zweibrücken

betrachten

erfahren

Königinnen mit Federvieh im Hofstaat

Federvieh. Als Kind faszinierten mich die Enten im Rosengarten Zweibrücken mehr als jede Rose. Auch als Schülerin, dem „Ich will Gack-Gacks füttern"-Alter entwachsen, zogen mich die Tiere an: Für eine Aufgabe im Fach Bildende Kunst heftete ich mich an die Watschelfüße zweier Gänse und knipste eine Art Gefieder-Studie. Der Sinn für die botanischen Schönheiten wuchs mir erst als Erwachsene zu. Wenn ich dem Rosengarten heute einen Besuch abstatte, lichte ich natürlich gern meinen eigenen Nachwuchs ab, wenn er Enten hinterherläuft oder vor wehrhaften Schwänen hinter Papas Rücken in Deckung geht. Aber die Rosen, ja, jetzt halte ich sie ebenfalls gern im Bild fest. Und wenn eine solche Königin der Blumen nicht nur hübsch von Wuchs ist, sondern auch duftet – was keine Selbstverständlichkeit ist – dann ist's perfekt. Das Gärtnerteam hegt und pflegt auf einer Fläche von 45.000 Quadratmetern etwa 1.300 Rosensorten, dazu kommen Stauden und Gehölze. Der Wechsel der Jahreszeiten erlaubt es Besuchern, den Rosengarten im Trubel und in erholsamer Stille zu erleben. So gehört der Herbstmarkt zu den vielbesuchten Terminen, ein Spaziergang im Spätherbst oder Winter ermöglicht stille Momente. Zu verdanken haben die Westpfälzer diese Grünanlage übrigens Menschen, die sich über das Maß hinaus engagiert haben: In den 1880 gegründeten Obst- und Gartenbauverein der Stadt reihten sich tatkräftige Rosenfreunde ein, die 1912 den Verein Pfälzischer Rosenfreunde aus der Taufe hoben. Sie erreichten ihr Ziel: 1914 weihte Prinzessin Hildegard von Bayern das neue Blumenmeer ein.

Martina Sema-Weiß

Rosengarten Zweibrücken
66482 Zweibrücken
Rosengartenstraße
Fon 06332.479330
info@rosengarten-zweibruecken.de
www.rosengarten-zweibruecken.de
Öffnungszeiten:
Mai, September, Oktober
Di - So 9 - 19 Uhr, Mo ab 11 Uhr
Juni, Juli, August
Di - So 9 - 20 Uhr, Mo ab 11 Uhr

Extras
Hochzeiten sind von Mai bis September möglich.
Kleiner Spielplatz und „Rosengarten-Rallye" für Kinder; Führungen, Beratung („Rosendoktor") sowie bei Gartenfreunden beliebte Seminare.

Pfalzmuseum für Naturkunde Burg Lichtenberg

In der Zweigstelle des Pfalzmuseums für Naturkunde Bad Dürkheim können Besucher die Natur mit allen Sinnen erfahren. Und das ist nicht einfach so daher gesagt, sondern Programm. Nicht jeden Tag sieht man schließlich das komplette Wurzelwerk einer 130 Jahre alten Fichte – unbestritten beherrschendes Ausstellungsstück der Naturschau in der Zehntscheune.

66871 Thallichtenberg
Burg Lichtenberg
Fon 06381.993450
www.pfalzmuseum.de
urweltmuseum-geoskop@
t-online.de

Öffnungszeiten:
1. Nov - 31. März 10 - 12 Uhr
und 14 - 17 Uhr
1. April - 31. Okt 10 - 17 Uhr

Pfalzmuseum für Naturkunde – Pollichia-Museum Bad Dürkheim

Die 1.400 Quadratmeter große Ausstellung informiert über die Geologie der Pfalz, die heimische Tier- und Pflanzenwelt und über ökologische Zusammenhänge sowie Naturschutzthemen. Zu bestaunen gibt es sehr anschaulich unzählige Tierpräparate, seit der Neugestaltung gibt es an Mitmachstationen auch Knöpfe zu drücken.

67098 Bad Dürkheim
Kaiserslauterer Straße 111
Fon 06322 94130
info@pfalzmuseum.bv-pfalz.de
www.pfalzmuseum.de

Öffnungszeiten:
Do - So 10 - 17 Uhr
Mi 10 - 20 Uhr

Tabak im Museum Herxheim

Auch wenn noch heute rund um Herxheim und Hayna auf 200 Hektar (das ist Deutschlandrekord) Tabak angebaut wird: Die Blütezeit der Tabakanbaugemeinde war im 20. Jahrhundert. Wickelformen und Multimedia-Stationen berichten von der Geschichte und Herstellung von Zigarren.

76863 Herxheim bei Landau
Untere Hauptstraße 153
Fon 07276.502477
gramsch@museum-herxheim.de
www.museum-herxheim.de

Öffnungszeiten:
Do, Fr 14 - 19 Uhr
Sa, So 11 - 18 Uhr
und nach Vereinbarung.

Kakteenland Steinfeld

Fast wie in einem „botanischen Garten" können über 1.000 verschiedene Kakteen- und weitere 600 Pflanzenarten auf einer Fläche von 7.000 Quadratmetern entdeckt werden. Eine davon ist Aloe Vera, der man seit Jahrtausenden heilende Wirkung zuschreibt. Kinder finden Gefallen an bunten Mineralien und Halbedelsteinen.

76889 Steinfeld
Wengelspfad 1
Fon 06340.1299
info@kakteenland.de
www.kakteenland.de

Öffnungszeiten:
Mo - Fr 8 - 18 Uhr, Sa, So und Feiertage 9 - 17 Uhr

Zigarrenmuseum Rödersheim

Fast das gesamte Dorf, 800 Menschen, war zu Blütezeiten in der Zigarrenfertigung beschäftigt. In der Museumsmanufaktur wird lebendig, wie um 1900 herum gerollt und gewickelt wurde. Außerdem gibt es auf diese Weise einen besonderen Blick auf die ländliche Industrialisierung der Vorderpfalz im Kaiserreich und der Weimarer Republik.

67127 Rödersheim
Altes Schulhaus am Marienplatz
Fon 0157.75225797
info@zigarrenmuseum-roedersheim-gronau.de
www.zigarrenmuseum-roedersheim-gronau.de

Öffnungszeiten:
Jeden 1. So im Monat 14 - 17 Uhr und nach Vereinbarung.

Pfälzer Feigenwochen Pfalz.Marketing e.V.

Exotische Früchtchen gedeihen in der Pfalz besonders gut – Feigen zum Beispiel. Ende Juli läutet der Beginn der Ernte von etwa 50.000 Feigenbäumen die traditionellen Feigenwochen ein. Dann bieten Restaurants und ambitionierte Konditoren interessante Kreationen rund um „Ficus carica". Die Adressen dazu gibt es im Internet und beim Pfalz. Marketing.

Pfalz.Marketing e.V.
67433 Neustadt an der Weinstraße
Martin-Luther Straße 69
Fon 06321.912322
info@pfalzmarketing.de
www.pfalz.de

Chakos Meditations-Spot, Bäume, Bäume, Bäume,
Himmel, Ruhe ... bis die Wandergrupp aus Oggersheim
kummt un die Lewwerworschd fers Picknick auspackt.
Comedyantische Recherche-Möglichkeiten: keine. Bei
so viel Natur muss der Satiriker auch mal die Arbeit
einstellen können (außer: siehe oben).
Aussicht: der medita-tiefe Blick in de schännschde,
grünschde Wald vun de Welt.

Lieblingsplatz:
Bank über dem
Poppental zwischen
Bad Dürkheim
und Wachenheim.

Vögel

Schräge Vögel im Wald

Wir leben in einer sehr lauten Zeit. Um uns rum, überall Gedees un Dummgebabbel. Und weil die meisten Menschen so gern mal ein bisschen Ruhe haben möchten, geben sie sich mit irgendwelchen billigen Ersatzbefriedigungen zufrieden: e Meditations-Lavalamp vum Nanu Nana, e stilles Wasser aus'm Donnersberg, e Schweigegelübde vum Lamas Dalai. Hebt aber alles net grad lang. Manche Leute sagen, um wirklich Ruhe zu finden, muss man in die Natur. Hinaus! In den Wald!

Ha, vun wege! Geh mol in de Wald: Hosch du gemerkt, wie laut die Vöggel sin, heitzudaag? Die pfeife net, die piepe net, un singe dun die schon gar net. Des sin Radau-Spatze, Krakel-Kehlche, Hooligan-Meise. Die hocken do owwe in ihre Zweige un kreische, was de Schnawwel hergibt. Und warum nur sind die Ex-Piepmätze so laut geworden? Weil sie umge-

ben und bedroht sind von anderen größeren Vögeln, die sie in ihrem Lebensraum bedrängen – akustisch.

Zu nennen sind da zum einen „die schrägen Vögel" mit Unterarten wie die der Schoppenpetzer, Uffschneider & Dollbohrer, die auf vollbesetzten Pfälzerwald-Vereins-Hütten-Terrassen versuchen, mit ihren speziellen Rufen wie „uz", „motz" und „bepper" fremde Beutegreifer von der Tränke zu vertreiben. Und falls das nicht gelingt, mit solchen Balzsignalen wie „proschd", „yo", und „allahopp simma widda gud" ihre Fressgemeinschaft zu erweitern.

Große Vögel vom Ramsteiner Brutplatz

Zum anderen gibt es da die weitaus weniger harmlosen „großen" Vögel, die am Pfälzer Himmel täglich und unerbittlich ihre Bahn ziehen. Sie kommen aus allen Himmelsrichtungen, fliegen über den Haardtrand hinweg bis tief in den Pfälzer Wald hinein, wo sie bei Ramstein auf einem aggressiv verteidigten und rundum befestigten Brutplatz landen. Da müssen sogar die permanent eloquenten Eingeborenen verstummen, denn gegen diese aufdringlichen großen Vögel scheint es kein Schimpfwort zu geben, das sie vertreiben könnte. Die donnern auch nachts über Naherholungsgebiete, Wohnorte und verkehrsberuhigte Spielstraßen. Dann wacht so mancher kläne Pälzer uff un groint un de Bappe erklärt dann, dass ma do nix mache konn, weil des die Ami sin, un die mache des schunn immer so. Weil die des dürfe, saache se. Die sind nämlich seit dem Zweiten Weltkrieg schon hier, weil sie uns beschützt haben. Ja, des ware unser Bschitzer. Im Kalde Krieg hawwe die uns bschitzt, wie nur was. So arg, dass die hinne im Wasgau e ganzes Lager von Giftgas versteckt hen, die Bschitzer. Ach Gott, was hen mir uns do sischer gfühlt, odder?! Des war do, weil uns des bschitzt hot vor dem, dass der Russ kummt. Jaja, des war gonz schlimm domols. Immer widder hot ma des gheert: „Bass uff, der Russ kummt!", immer widder „Bass uff, der Russ kummt!" Was hen mir uff den Russ gewaarte odder?! Ah denksch, der wär mol kumme, der Russ. Nix. Der änzigschde, wo net gange is, ware die Amis. Und heute ist die Landebahn für die großen Vögel auch noch erweitert worden, wenn man da auf der A 6 Richtung Frankreich fährt, kann man gar nicht mehr anders als direkt druffgucke zu müsse uff des Nest von denne bombische Vöggel do.

Manchmal ist es wirklich besser, man denkt net dran, was da alles so abgeht auf Pälzer Boden, und genießt sein Leben und seine Heimat. Aber dann sitzt ma halt mal wieder an einem schönen tropisch-pälzischen Sommerabend auf der Terrasse, de Grill bruzzelt un de Schorle gluckst, die Kinner spiele un die Piepmätz piepe – und dann brettert ein einziger von denne Hölle-Vöggel owwedrüwwer un zieht e langgezogenes, kaum endenwollendes Dumpfgrollen hinter sich her, wie wonn alle Friedensgötter uff ämol de Kiddel brenne det.

In solche Momente spätestens det ma gern auf die Bsatzer-Demokratie in Afghanistan un die Bschitzer-Ami in Germany verzichte. Äfach nur, dass ma soi Ruh hot, un ferddisch!

Dabei weiß das Pälzer Bodenpersonal in seiner duldsamen Hilflosigkeit oft nicht, dass es eine Stelle gibt, wo ma mol soin Dampf ablasse konn, wenn die Flug-Dollbohrer es mit unserem Trommelfell mal wieder zu arg treiben. Wie heißt es so schön: „Die Deutsche Flugsicherung (Telefon 06103.7070) und das Luftwaffenamt in Köln (Telefon 0800.8620730) beantworten Fragen zum Flugverkehr". Alla hopp! Bei dem ganze Gedees falle uns bstimmt e paar schääne Froge ein, odder?!

Aber: Wahrscheinlich muss des alles so sein. Weil ohne den ganze Krach und des ganze Rumgscherwel mit denne Bschitzer mit ihre Kaserne un ihre Panzer un ihre Krieger, ohne des alles, do wär's bei uns dermaße idyllisch, des wär dann so paradiesisch, so dermaße schää, des könnt donn jo gar ken Mensch mehr aushalde. Also dappt der gebeutelte Pälzer durch sein Wald, lässt die aufdringliche Vögel kopfschüttelnd vorbeiziehe un schickt ihnen ein resigniertes, aber ärgerliches „Jo alla!" hinterher. Da muss er dann bloß uffbasse, dass er dabei net zu nah am Stacheldrahtzaun vorbeiläuft, weil die Bschitzer könnten des mit dem „alla" falsch verstehn, und dann geht der Ärger erst richtig los...

erleben

betrachten

erfahren

Böhämmerjagd in Bad Bergzabern

Böhämmer Jagdclub e.V.
76887 Bad Bergzabern
Poststraße 3
Fon 06343.4929
mail@boehaemmer.de
www.boehaemmer.de
Vereinsheim mit Schießstand:
Böhämmerhaus
Am Wonneberg
76887 Bad Bergzabern
Öffnungszeiten:
15. März bis 15. Oktober
an Sonn- und Feiertagen
von 10 - 12 Uhr,
für Gruppen jederzeit auf
Anmeldung.

Extras:
Böhämmerfest: jeden zweiten
Sonntag im Juli.

Mit dem Blasrohr auf den Glas-Piepmatz

Groß sind diese Vögel nicht, aber sie spielten einst für die Bad Bergzaberner Bevölkerung – wenn auch unfreiwillig – eine große Rolle: als begehrte Beute bei der Böhämmerjagd. Mit Blasrohr und Tonkugeln bewaffnet zog man des Nachts beim Schein eines Kienholzfeuers, das aus eiserner Zündpfanne Licht spendete, gemeinsam los, um Bergfinken zu erlegen. Diese wurden im Volksmund Böhämmer genannt und waren in großen Scharen in den Wäldern rund um den Kurort heimisch. Die ungewöhnliche Jagdmethode ist bereits aus dem 18. Jahrhundert überliefert: Im Stadtarchiv von Bad Bergzabern befindet sich eine Instruktion für den Stadtwachtmeister vom 1. April 1777, die besagt, dass „nach dem abendlichen Schließen der Stadttore von den Böhämmerschützen nach 7 Uhr vom Rohr 1 Kreuzer und nach 8 Uhr 2 Kreuzer" zu fordern seien. Die Jagdtradition hält der Böhämmer-Jagdclub lebendig. Der Verein hat es sich zum Ziel gesetzt, das Wissen darum weiterzugeben und die Jagdutensilien zu erhalten. Natürlich geht es den bunten Piepmätzen heute nicht mehr an die Federn. Die modernen Böhämmerjäger schaffen das ganz sozialverträglich, indem sie etwa einmal im Jahr zum Böhämmerfest einladen. Freude kommt auch auf, wenn Gäste sonntags am Schießstand des Böhämmerhauses ihr Geschick mit dem bis zu zwei Meter langen Blasrohr prüfen. Die gläsernen Attrappen zu treffen, ist gar nicht so einfach, aber selbst für Tierfreunde ein Spaß – sofern sie den historischen Hintergrund für eine Weile verdrängen können.

Gisela Huwig

Greifvogelschau in Wachenheim

erleben

betrachten

erfahren

Max, Johnny Depp und Daisy

Wer heißt schon so, wie er aussieht – Batman vielleicht –, aber wer sieht schon so aus, wie er heißt? Die beiden Störche sehen schon gar nicht danach aus und würden dem Menschen wohl einen Vogel zeigen, wenn sie ihren Namen wüssten. So stolzieren sie also majestätisch als „Müll" und „Eimer" durch das Greifvogelgehege des Wachenheimer Kurpfalzparks, um irgendeine Kleinigkeit bei den Gästen abzustauben. Herr der (Vogel-)Ringe ist Bruce, ein Holländer mit dem typischen Rudi-Carell-Slang. Er animiert den Wanderfalken Max, den Geierfalken Johnny Depp oder den Gänsegeier Daisy zu tollkühnen, in den Genen seit Jahrtausenden programmierten Flugmanövern, die zu Recht begeisterten Beifall der Zaungäste auslösen. Max erreicht zum Beispiel im Sturzflug auf seine Beute eine Höchstgeschwindigkeit von bis zu 400 Stundenkilometern, was er wieder und wieder demonstriert. Zur Belohnung lockt Bruce schließlich mit kleinen Hühnerküken, bereits tot natürlich – aber ohne die geht gar nichts. Gage muss sein. Silvester, die Schleiereule, lässt es dagegen gemütlicher angehen. Sie schafft so rund 20 Stundenkilometer, segelt aber haarscharf über den Köpfen der Zuschauer hinweg, um sich ihre „Beute" bei Bruce abzuholen. Dabei zeigt sie sich absolut höhen- und zielsicher. Die Greifvogelschauen sind der Renner und immer gut besucht. Auch die Kinder haben ihren Spaß, wenn die teils exotischen Vögel zum Greifen nah, auf Armeslänge an ihnen vorbeimarschieren. „Müll" und „Eimer" verzichten auf allen fliegerischen Schnickschnack und holen sich stelzend bei Bruce einfach ihren Anteil.

Bernhard May

Kurpfalzpark
An der Deutschen Weinstraße
67157 Wachenheim
Fon 06325.959010
info@kurpfalz-park.de
www.kurpfalz-park.de

Extras
Greifvogel-Freiflugschau:
Während der Saison täglich
11.30 Uhr und 15.30 Uhr.

erleben

betrachten

genießen

entdecken

Flug mit dem Gyrocopter

Nicht ganz über den Wolken

James Bond, der britische Geheimagent 007 alias Sean Connery, hat ihn bereits 1967 in „Man lebt nur zweimal" bekannt gemacht: den Gyrocopter oder Tragschrauber. Mit seiner „Little Nelly", wie das Vorläufer-Modell heutiger Tragschrauber aus der Werkstatt des Tüftlers Q heißt, liefert sich Bond eine heftige Luftschlacht mit feindlichen Hubschraubern des Bösen. Zu jener Zeit wie heute wirken die Fluggeräte am Himmel exotisch. Verfolgungsjagden spielen sich jedoch dort keine ab, wenn die Tragschrauber beispielsweise vom Bad Dürkheimer Flugplatz aus starten. Eher das Gegenteil in Form von Sightseeing der besonderen Art. Kaum in der Luft fühlt man sich absolut sicher und beginnt den Ausblick und den frischen Wind im „Cabrio-Kleinhubschrauber" zu genießen. Wie eine Nadelspitze schaut etwa der Bismarckturm aus dem Pfälzerwald heraus. Auch die Burgen der Region präsentieren sich aus einem völlig neuen Blickwinkel. Und geradezu berauscht ist man, wenn über einem Segelflugzeuge mit kräftigem Zischen ihre Runden drehen. Per Lautsprecher und Kopfhörer mit dem Piloten verbunden, erhält man zudem Informationen, wie der Gyrocopter funktioniert. So dreht sich der Rotor nicht durch ein Triebwerk, sondern wird durch den Fahrtwind in Drehung versetzt. Dann die Frage, ob man sich wohlfühlt? Ja, absolut. Der Pilot lässt das Fluggerät absacken, fliegt schnell und nahe über einem Acker. 180 Grad-Wende. Spätestens wenn man den Schatten des eigenen Gefährts am Boden entdeckt, bekommt man eine Ahnung, wie sich James Bond gefühlt haben muss.

Michael Dostal

Gyrocopterservice
& Eventmanagement
Rhein-Neckar GmbH
68526 Ladenburg
Boveristraße 3
Fon 06203.9540360
www.gyroseven.de

Extras:
Starts von den Flugplätzen in Bad Dürkheim und Speyer.

Storchenmuseum Bornheim

Idealisten, die den Storch in seiner alten Heimat Pfalz wieder heimisch machen wollen, stecken hinter dem Storchenzentrum. Eine kleine Ausstellung informiert über den Vogel und die Erfolge, die es bisher zu feiern gibt. Und wie das mit dem Storch und den kleinen Babys wirklich ist, werden wir bald ebenfalls erfahren: In Arbeit ist das Thema „Mythos Storch".

Storchenmuseum Bornheim
76829 Bornheim bei Landau
Kirchstraße 1
Fon 06347.610757
storchenzentrum@pfalz-storch.de
www.pfalzstorch.de

Öffnungszeiten:
So 14 - 17 Uhr und nach Vereinbarung.

Technik-Museum Speyer

Staunende Augen bei Groß und Klein schon bei der Anfahrt: ein Lufthansa Jumbo-Jet scheint soeben direkt auf dem Gelände abzuheben. Auf einer Gesamtfläche von rund 115.000 Quadratmetern präsentiert das Museum technische Konstruktionen aus dem Fahrzeug-, Flugzeug- und Raumfahrtbau mehrerer Jahrhunderte. Außerdem gibt es ein IMAX-Dome-Filmtheater mit einer kugelförmigen Projektionsfläche von etwa 1.000 Quadratmetern.

67346 Speyer
Am Technik Museum 1
Fon 06232.67080
info@technik-museum.de
www.technik-museum.de

Öffnungszeiten:
Mo - Fr 9 - 18 Uhr
Sa, So, Feiertage 9 - 19 Uhr

Flugplatz Ramstein

Nach Absprache kann der größte Stützpunkt der US Air Force außerhalb der USA für eine Dauer von etwa zwei Stunden besichtigt werden.

66877 Ramstein
Fon 06371.952655
elke.sittel@ramstein.af.mil
www12.kaiserslautern.de

Für Gruppen ab 10 Personen bis max. 40 Personen nach Vereinbarung.

Straußenfarm Rülzheim

Die 1993 gegründete Straußenfarm lädt ein zu Farmführungen inklusive Bruthaus und Kükengehege sowie ausgedehnten Wanderungen durch die Rheinauen-Landschaft.

76761 Rülzheim
Am See 1
Fon 07272.9297670
info@mhoufarm.de
www.mhoufarm.de

Öffnungszeiten:
Täglich 10 - 18 Uhr

Straußenfarm Hermersberg/Pfalz

In der Südwestpfalz an der Grenze zum Elsass gelegen, können sich Besucher auf der Straußenfarm über das einzigartige Verhalten des größten Laufvogels der Welt informieren.

66919 Hermersberg
In den Äckern
Fon 06333.60052
e-r-straussenfarm@web.de
www.e-r-straussenfarm.de

Öffnungszeiten:
März - Okt
täglich 15 - 18 Uhr,
Sa, So 10 - 16 Uhr;
Nov - Feb 15 - 17 Uhr
(Mo, Mi geschlossen) und nach Vereinbarung.

Wildpark Potzberg

Der große Freizeit- und Tierpark bietet Besuchern Greifvogelschauen, einen Streichelzoo und in die Landschaft eingebettete Gehege für Hirsche, Elche, Murmeltiere und andere Säugetiere.

66887 Föckelberg
Fon 06385.6249
wildpark@potzberg.de
www.wildpark.potzberg.de

Öffnungszeiten:
März - Okt
täglich 10 - 18 Uhr;
Nov - Feb
täglich 10 - 17 Uhr

Tierpark Birkenheide

Am späten Sonntagnachmittag sind sie dann satt: Vor allem die vielen Ziegen können sich vor kleinen Kinderhänden voller Trockenfutter kaum retten. Der liebevoll gepflegte Tierpark samt Spielplatz ist beliebtes Ausflugsziel für Familien, die etwa 50 Tierarten, vor allem Vögel, besuchen. Gefüttert werden außerdem Rehe und Ponys.

67134 Birkenheide
Ebertstraße 1
Fon 06237.6703

Öffnungszeiten:
April - Okt
täglich 9 - 18.30 Uhr;
Nov - März
täglich 9 - 17 Uhr

Vogelpark Haßloch

In den großen Gehegen und Volieren des Vogelparks haben etwa 350 Tierarten ein Zuhause gefunden. Neben Kranichen, Flamingos und Emus finden sich auch heimische Singvögel.

67454 Haßloch
Rennbahnstraße 1
Fon 06324.1553
info@vogelpark-hassloch.de
www.vogelpark-hassloch.de

Öffnungszeiten:
Täglich ab 10 Uhr bis zur Dunkelheit.

Vogelparks und Flugplätze

Vogelpark
Bobenheim-Roxheim
67240 Bobenheim-Roxheim
Kleiner Weg
Fon 06239.1210
www.vogelpark-bobenheim-roxheim.de
Täglich ganzjährig geöffnet

Vogelpark Böhl-Iggelheim
67459 Böhl-Iggelheim
Hanhoferstraße 144
Fon 06324.7711
Täglich bis zur Dunkelheit geöffnet

Vogelpark und Tiergehege Schifferstadt
67105 Schifferstadt
Waldparkplatz 2
Fon 06235.497220

Alle Parks: www.zoos-infos.de

Alle Infos zum Fliegen und zu Flugplätzen (Modellflugplätze, Motorflugplätze, Segelflugplätze)

Luftsportverband
Rheinland-Pfalz e. V.
Flugplatz Domberg
55566 Bad Sobernheim
Fon 06751.2308
info@lsvrp.de
www.lsvrp.de

Wander-Event-Kultur

Früher war's einfach. Wenn ma do in de Wald is, gab's insgsamt zwei Möglichkeite: Entwedder ma is gewandert, Rundweech 35 Kilomeder, mit Einkehrstation. Odder ma is geloffe: Schotterweech zwölf Meder – vum Parkplatz bis zur Hütt vom Pälzerwald-Verein. Und heute? Wird professionell gewandert! Auf Wandersiegel-dekorierten Premiumwanderwegen oder mit Brennnessel und Peterle beim Kräuterwanderweg (bück & pflück) oder mit Lamas (ruck & spuck) oder gleich die mehrtägige Treckingtour mit Packeseln (gscherr & zerr).

Doch selbst diese abenteuer-luschdische Wander-Event-Kultur ist manchen Leuten immer noch zu langweilig, zum Beispiel Jugendlichen. Welcher junge Mensch will heutzutage schon stundenlang durch den Wald laufen mit Lama, aber ohne WLAN? Ja, wenn es zwischen Baum und Borke eine

Möglichkeit gäbe, sich alle zehn Minuten bei Facebook einzuloggen, um seine „Friends" nach den besten Wandertipps zu fragen, dann vielleicht. Aber so? Total öde. Voll unvirtuell. Das geht gaaar nich'.

Dabei tut sogar der Pfälzerwald-Verein inzwischen alles, um das Wandern irgendwie hip klingen zu lassen. Auf der PWV-Webseite stehen solche ultra-knorkigen Hammersprüche wie „Cool, die Waldtour steht" oder die ziemliche zweideutige Aufforderung zum zweisamen Outdoor-Adventure „Wald frei für Verliebte". Oha, oha, ganz schön gewagt! Genügt aber wohl doch nicht ganz, um die junge Generation von ihrem iPod wegzustöpseln. Wie kriegt man die Kids also ins Freie? Man lockt sie auf den Pfad.

Mittlerweile ist die gesamte Pfalz durchzogen von Pfaden, die den simplen „Trampel-von-A-bis-Z"-Weg entertainmentmäßig, vor allem aber bildungstechnisch, voll abhängen. Es gibt Bachlehrpfade, Bienenlehrpfade, Skulpturenpfade,

Vogelschutzlehrpfade und Wasserschaupfade. Einen Geokulturpfad, einen Historienpfad und einen Naturlehrpfad mit Waldklassenzimmer. Ah wenn se's do net lerne, die Krutze, donn nirgendwo?!

Das Ziel des Pfades
Gegenüber dem gemeinen Weg hat der Pfad sehr viele Vorteile: wer sich auf ihn begibt, der muss net wandern, der kann äfach nur: schlappe. Langsam und meistens ebenerdig. Und alle paar Meter darf man stehen bleiben und verschnaufen, net weil ma müd is, sondern weil ma sich bilde muss, weil ma lese will, was uff denne informative Info-Tafeln steht.

Der Pfad ist sowas wie die Holiday-Park-Version des Wanderns. Das Ziel des Weges ist die Einkehrstation, aber das Ziel des Pfades ist der Weg selbst. Einmal die Schuh und die Socken aus und barfuß über Moos und Holzspäne dappe un dann voll nei in de Bebbel (Matsch). Frieher hot de Bu do defür die Ohre langgezoge kriecht. Un heit? Isses en Barfußpfad, und die Eltern sind stolz uff ihr Kinner, dass die mol fer zeh Minute freiwillisch uff ihr Adidas-Schlappe verzichte.

So bietet der Pfad etwas für alle Generationen. Und deswegen ist die ganze Pfalz durchzingelt von Pfaden. Selbst da, wo es eigentlich schon Attraktionen genug gibt, macht ein Pfad das Ganze erst perfekt.

Der Teufelstisch ist eines unserer schönsten und am meisten besuchten Naturdenkmäler. An sich schon ein wirklich außergewöhnlicher Brocke zum Bestaunen, -steigen und -spielen. Langt awwer net. Also gibt's dazu noch einen „Erlebnispark" mit Riesenrutsche und: Barfußpfad und Riech- und Fühlpfad. Ha! En Pfad zum Rieche. Was e Ding! Froogt ma sisch, warum es sowas beim Teufelstisch gibt im Wald, un net in Ludwigshafen glei newer de Anilin? Was määnschd, was de do zu riesche kriggschd. Do sin als Arome unnerwegs – do zieht's äm glatt die Schuh aus. Nur leider nutzt des net viel, weil in Oppau un Edigheim gibt's ken Barfußpfad.

Der önologische Pfadfinder

Was gibt's noch? Weinlehrpfade natürlich. Das bietet sich ja an. Aber es gibt große Unterschiede. Auf dem Lehrpfad in Edenkoben stehen Fässer und Pressen und anderes Gewerk einfach so im Wingert rum – dekorativ und ohne Schild, ohne Erklärung. Das ist also eigentlich schon mehr als Bildung, des is Kunschd. Auf dem Rebenlehrpfad Geilweilerhof bei Siebeldingen geht's da anders zu. Dort hat nämlich das Bun-

Im Berntal.

desforschungsinstitut für Kulturpflanzen (Julius Kühn-Institut) seinen Sitz. Das hat eine eigene Gen-Datenbank mit über 3.000 Rebsorten und züchtet neue Sorten, die „gegen Schädlinge und andere Stressfaktoren" resistent sein sollen. Klingt zugegebenermaße jetz net grad nach Bio, aber beim Wein läuft das mit der Züchtungskreuzerei ja eigentlich schon seit Jahrhunderten so, spätestens seit die erschde Rebläus uff'm Kriegs-Pfad ware, odder?!

Für önologische Pfadfinder listet eine eigene Webseite (www.weinlehrpfade.de) das lehrreiche Geläuf in allen deutschen Anbaugebieten auf, beschreibt genau Länge, Beschaffenheit und „thematische Ausrichtung" und vergibt Plus- und Minuspunkte. Laut dieser Homepage gibt es übrigens in der Pfalz neun und in Rheinhessen 21 Weinlehrpfade. Da sieht man's wieder: Die ände müsse halt noch lerne und die annere mache do defür de bessere Woi.

In Wirklichkeit aber gibt es nirgendwo mehr Weinlehrpfade als hier in der Pfalz. Nur sind die net als solche gekennzeichnet, denn sie finden in aller Alltäglichkeit und im ganz normalen Leben statt. Brauchsch bloß auf irgendein Weinfest, irgendeine Kerwe zu geh und schon is klar: Hier ist jede Aneinanderreihung von Ausschankstelle und Sitzgelegenheiten immer so was wie ein eigener spezieller Weinlehrpfad. Nirgendwo sonst kann man mehr lernen über die Eigenarten des Rebensaftes und mehr noch über seine belebend-belustigte Wirkung auf Menschen, die ihn in größeren Mengen genießen. Womit wir wieder beim Thema wären, wird doch für manchen Genusstrinker der Heimweg zum Trimm-Dich-Pfad.

Ja, die Grenzen zwischen Wegen und Pfaden sind halt manchmal fließend. Und hie und da wird man mit dem lockeren Wort „Pfad" nur gelockt und muss dann doch wandern ohne Ende, bis die Schlappe qualme.

Der Elwetritsche-Lehrpfad in Dahn ist so ein Fall. Erst ramon-disch dursch de Kurpark un logger vorbei an sieben Schau-tafeln, die „das Leben und, nicht zu vergessen, die positiven Charaktereigenschaften der Elwetritsche" beschreiben. Un dann heißt's plötzlich so ganz newebei: „Bei der letzten Schautafel beginnt der Rundwanderweg, ca. 10 km." Zack! Un schunn laafsch der die Haxe wund − 10.000 Meter wege enner Fabelwesen-Fortbildungsmaßnahme im Dahner Felse-land. Wenn du des de schnucklisch Verwandtschaft in Han-nover verzehlschd − die tippe sisch doch nur noch on de nie-dersächsische Dets, was die Pfälzer alles so unter Forschung und Lehre verstehen.

Das schlimmste Beispiel dafür, wie mit der Unterschei-dung zwischen Erleuchtungs-Pfad und Mörder-Weg Schindlu-der getrieben wird ist „de ewisch Pfad" bei Merzalben. Sowas gibt's wahrscheinlich nur im größten zusammenhängenden Waldgebiet Deutschlands. Das www.wanderportal-pfalz.de schreibt dazu:

„Nicht nur der Zen-Buddhist weiß, dass Monotonie eine sehr heilsame Wirkung auf Geist und Seele ausüben kann. Auch der Pfalzwanderer hat seine Meditationstechniken: Er steigt auf einem „De eewisch Pfad" genannten langen Weg auf das Dach des Pfälzer Waldes, die Gegend um den Her-mersbergerhof. In sanftem, gleichförmigem Anstieg kommt er dabei vom Fuß der Burgruine Gräfenstein zu einem der großen Panoramaplätze der Pfalz, dem Luitpoldturm auf dem 607 Meter hohen Weißenberg. Auch der Rückweg „zieht sich". Eine Tour also wie geschaffen zur Kontemplation."

Darauf fällt einem nur noch eine dialektische Antwort ein, die alles trefflich zusammenfasst: „Kumm, geh fortt!"

erleben

betrachten

genießen

erfahren

entdecken

Baumwipfelpfad in Fischbach

Baumwipfelpfad
am Biosphärenhaus Pfälzer-
wald/Nordvogesen
66996 Fischbach bei Dahn
Am Königsbruch 1
Fon 06393.92100
www.wipfelpfad.de
www.biosphaerenhaus.de

Extras

Natur-Ausstellung im benachbarten Biosphärenhaus mit
„Nachtetage" (Trickfilm über
Tiere in der Nacht). Im Sommer sind Übernachtungen auf
dem Wipfelpfad möglich; weitere Veranstaltungen passend
zur Jahreszeit.
Zwei ebene Rundwege, jeweils
etwa 2,5 Kilometer lang,
kinderwagentauglich.

Balanceakt im Wald

Der Specht bleibt mein Favorit: Auf dem 2003 eröffneten Baumwipfelpfad in Fischbach/Dahn als Nachbildung gelandet, lernen Besucher von ihm, warum er kein Kopfweh bekommen kann. Da wird eine Mutter, die des Öfteren „dicke Bretter" in Sachen Kindererziehung zu bohren hat, schnell neidisch... Während die Erwachsenen die Mitmach-Stationen und Informationstafeln zu Flora und Fauna begutachten, ist der Nachwuchs bald an handfesteren Sinneseindrücken interessiert und wackelt über die Teller-, Seil- und Hängebrücke. Von diesen saust der Blick nahezu ungebremst zu Boden, nur durch das selbstverständlich vorhandene Sicherheitsnetz abgelenkt. Und ob sie nun sofort die 43 Meter lange Rutsche testen könnten, die in flottem Tempo Richtung Waldboden zurückführt? (Erlaubt ist dieses Vergnügen Kindern ab 6 Jahren). Wer es gemächlicher mag, wählt den einfacheren Weg, der über beruhigend breite Holzstege führt und auch für Kinderwagen und Rollstuhl geeignet ist. Der 270 Meter lange Wipfelpfad führt in einer Höhe von 18 bis 35 Metern zwischen die Kronen von Buchen, Eichen und Nadelbäumen. Die ersten Baumwipfelpfade der Welt entstanden übrigens zu Forschungszwecken in Regenwäldern. In Fischbach ist er neben touristischen Zielen der Naturpädagogik gewidmet. Besucher finden eine naturnahe Attraktion vor. Hier steppt also nicht der Bär, sondern flitzt die Eidechse und zwitschert die Meise. Auf jeden Fall empfehlenswert ist das Studium des Veranstaltungsprogramms.

Martina Sema-Weiß

Barfußpfad in Ludwigswinkel

erleben

genießen

erfahren

entdecken

Kurze Reise in die Sommerfrische

Ganz im Südwesten zieht man zum Wandern die Schuhe aus. Nach Ludwigswinkel, das im Dahner Felsenland recht abgeschieden und ganz nah der pfälzisch-elsässischen Grenze liegt, lockt ein Barfußpfad. Hinter Fischbach mit seinem Biosphärenhaus führt die Fahrt erst an etlichen Weihern vorbei, dann durch dörfliche Beschaulichkeit und schließlich zu einem Parkplatz. Dort heißt es: Raus aus den Schlappen und ab auf den Rindenmulch! Der rund eineinhalb Kilometer lange Parcours auf dem Barfußpfad beginnt auf weichem Waldboden. Es folgen Sandpiste, Balance-Balken, Knüppeldamm und Schotterstrecke. Wer Kindheitserinnerungen auffrischen und ordentlich durch Morast stapfen will, ist hier richtig: In der Sumpfgrube watet der Barfüßler durch zähen, schwarzen Schlamm, der zwischen den Zehen hervorquillt und hernach an den Beinen klebt. Der schönste Teil der öffentlichen Fußreflexzonen-Massage beginnt aber wohl mit dem Spaziergang durchs Bachbett. Denn während man Wasser, Sand und Kies unter seinen Fußsohlen spürt, kann man die Schönheit der Ludwigswinkler Talaue auf sich wirken lassen. In ihrer bergländischen Sanftheit ist diese Wiesenumgebung genauso wohltuend wie das Fußbad. Da wundert es einen nicht mehr, dass Ludwigswinkel quasi zu Wellness-Zwecken gegründet wurde: Hierher schickte der in Pirmasens residierende Landgraf Ludwig IX. von Hessen-Darmstadt ab 1783 seine ausgedienten Soldaten – zur Erholung. Für selbige sorgt nun, über 200 Jahre später, auch der Barfußpfad. Und so gleicht der Trip nach Ludwigswinkel einer kurzen Reise in die Sommerfrische.

Kai Scharffenberger

Der Barfußpfad
in der Talaue von Ludwigswinkel
66996 Ludwigswinkel
www.ludwigswinkel.de

Extras:
Weitere Lehrpfade und
Erlebnispfade: www.pfalz.de

erleben

Fünf-Sinne-Pfad in Hambach

Quelle der Ruhe und Besinnung

Es ist nicht zu beschreiben, dieses Gefühl von Freiheit, in Ansätzen aber zu spüren, der weite Blick in die Rheinebene und die altehrwürdigen Mauern vom Hambacher Schloss lassen erahnen, welches Gefühl die Menschen damals 1832 auf den Hambacher Schlossberg getrieben hat, für Freiheit und Demokratie zu demonstrieren. Im Trubel der Touristenbusse auf dem Parkplatz unterhalb des Schlosses jedoch verliert sich das Gefühl. Nichts wie weg von dieser hektischen Betriebsamkeit, die sich sofort auch auf die Gruppe und die Kinder überträgt. Die Baummarkierung „Q" auf weißem Feld verspricht, einen Pfad der Sinne zu entdecken. Das probieren wir aus. Und wirklich, allmählich verlieren sich die Geräusche des Alltags. Hier ein Knacken des Astes, dort fällt ein Lichtstrahl durch das dichte Blätterdach. Der Wald wird zur Quelle der Ruhe und Besinnung. Der anfangs sandige weiche Boden wird feuchter, barfuß spürt man es am besten, wie sich die Beschaffenheit des Bodens laufend ändert. Vorbei geht es an Quellen zur Erfrischung der großen und tapferen kleinen Wanderer. Selbst die anfangs aufgedrehten Kinder werden ruhiger, lauschen den Geräuschen des Waldes, werden plötzlich ganz leise und versuchen ein just erspähtes Reh nicht zu erschrecken. Da spürt man es plötzlich wieder in Herz- und Bauchgegend, das Gefühl von Freude, friedlicher Eintracht und Freiheit.

Sabine Demirci

Fünf-Sinne-Pfad
in Neustadt/Weinstraße
Linie 502,
Haltestelle Hambacher Schloss
www.neustadt.eu

Extras
Familienwanderung mit Stationen an der Michelsquelle, Speierheld, Kühungerquelle, Bildbaum/Hohe Loog. Ausgangspunkt: Parkplatz unterhalb des Schlosses, Rundweg etwa 9 Kilometer, 230 Höhenmeter, Schwierigkeitsgrad: mittel/schwierig.

Tertiärpark bei Göllheim

erfahren   entdecken

Lehrreicher Pfad durch eine „Mondlandschaft"

„Bei Rotlicht halt! Achtung Sprengung!" Gebannt blicke ich wieder und wieder auf das über dem verheißungsvollen Warnschild angebrachte Rotlicht. Doch so oft ich als Kind zwischen Göllheim und Marnheim auch daran vorbeifahre: Nie leuchtet es. Immer freie Fahrt, keine Sprengung. Welch eine Enttäuschung. Der poröse Muschelkalk macht es den Baggern einfach, ihn für die Zementproduktion abzugraben. Dynamit bedarf es höchst selten. Das Warnschild ist mittlerweile weg. Obwohl rechts der Straße noch immer Kalk und Mergel abgebaut werden. In dem gigantischen Loch links fährt kein Bagger mehr. Die Natur hat sich die zerfressene Landschaft zurückerobert. Eidechsen flitzen über die von der Zementfabrik liegen gelassenen Kalksteinbrocken; Schmetterlinge umgaukeln die inzwischen entstandene Blütenpracht. Und der Mensch? Der spaziert über einen Rundweg durch den ehemaligen Steinbruch, kann sich die Sedimentschichten an bis zu 30 Meter hohen Steilwänden anschauen, die die Bagger hinterlassen haben. Hinweistafeln erklären, wie das alles entstanden ist – erdgeschichtlich, 20 Millionen Jahre später industriell und vor wenigen Jahren durch Renaturierung. Dass oberhalb des Lochs einmal fruchtbare Äcker waren, daran erinnert nichts. Ein Teil gehörte meinen Großeltern. Ihnen wurde erzählt, dass zugunsten der Landwirtschaft einmal alles wieder zugeschüttet wird. Daraus wurde nichts. Doch immerhin gibt's jetzt einen lehrreichen Spazierweg durch eine sonderliche Mondlandschaft, die zum Biotop und Ausflugsziel wurde.

Tobias Grauheding

Tertiärpark bei Göllheim
Donnersberg-Touristik-Verband
Fon 06352.1712
www.donnersberg-touristik.de

Extras

Der Tertiärpark im ehemaligen Steinbruch Dachsberg dient seit 2010 als „Fenster in die Tertiärzeit" vor 25 Millionen Jahren. Parkplatz oberhalb des Dorfes Elbisheimerhof. Von dort ist der Tertiärpark ganzjährig frei zugänglich.

Strandurlaub, den Dom im Rücken, „Daddy Rhein"
räkelt sich breit plätschernd in seinem Bett, Kreuz-
fahrtschiffe spucken Touris mit Digitalkameras
an Land, auf der Promenade Männer mit Hut und
Frauen mit Sonnenbrillen – so groß wie getönte
Taucherbrillen ohne Schnorchel, Eis am Stiel und
gegenüber der Strand von Altlußheim.
Comedyantische Recherche-Möglichkeiten:
vielfältig mit allen Gattungen und Verrichtungen.
Aussicht: wie am Meer, wenn's ken Fluss wär
(nur die Brücke der B 39 holt dich in die Realität
zurück).

Lieblingsplatz:
Rheinufer bei Speyer.

Sport

De große Fritz und sein Stadion

Die Pälzer waren schon immer große Sportler mit viel Durch-
haltevermögen. Das hat damals schon angefangen, als sie für
die Römer Villen bauen und Wingerte anlegen mussten. Später dann sin die Grumbeeräcker vun de Franzose kaputt gemacht worre un lauter eingeborene Palatinos sin nach Eng-
land un Irland un amerikanisch Pälzylvänie ausge-wandert (!).
Voll sportlich, schon unsere Vorfahren.

Der Pfälzer ist eben nicht der tumb-freundliche Rum-
hocker, der Gemütlichkeits-Dummbeidel, wo als Klischee
(Kli-hässlich!) immer noch durch die Reiseliteratur geistert.
Derartige Stereotype nimmt der Eingeborene – sportlich.
Wohlwissend, dass ohne Pälzer die ganze Welt sowieso, aber
die Sport-Welt im besonderlichen, eine ganz arme wär.

Wer war der erste, und wenn's nach uns geht einzige,
deutsche Fußballgott: Fritz Walter. Gott und (roter) Teufel in

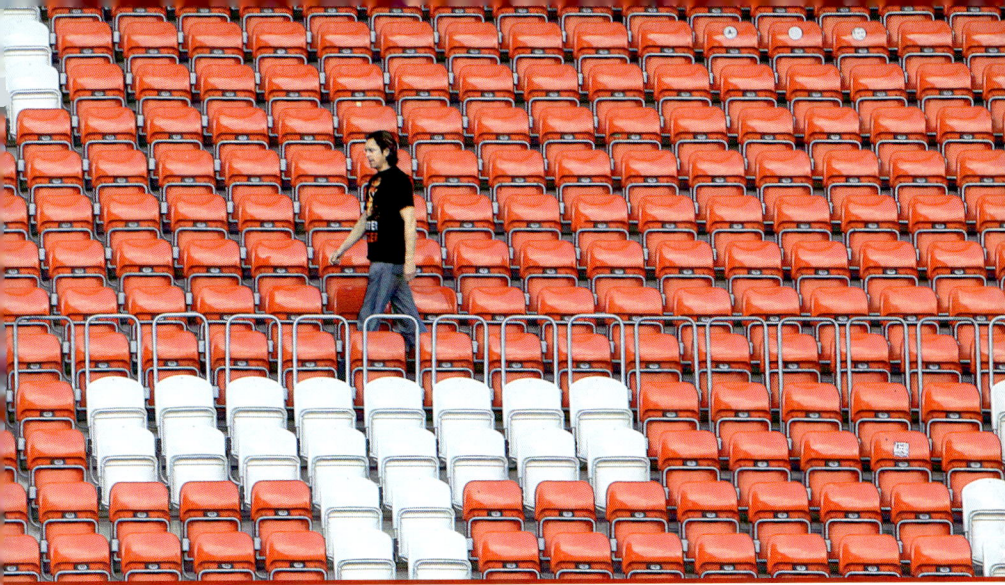

einer Person, des musch erschdermol schaffe. Er hatte die mächtige Gabe, aus wenigen einfachen Worten ein mythologisches Statement zu machen: „Warum soll ich denn zu einem anderen Verein wechseln? Ich bin doch schon beim FCK." Oder: „Dehääm is dehääm."

Das steht in der guten Tradition anderer (kur)pfälzischer Bonmot-Tradition à la „Der Ball ist rund" und „Das Spiel dauert 90 Minuten."

So auf den Punkt, einfach und tief, das kann nicht jeder. Andere haben's versucht, so der Waldhöfer Namensvetter in den 1980er-Jahren, der klääne Fritz Walter, der konnte zwar schlechter kicken, war dafür aber aa viel dabbischer. Sein Versuch, mit Simplizität Fußball-mythologisches von sich zu geben lautete: „Der Jürgen Klinsmann und isch, wir sind ein gudes Trio." So verschwindet man irgendwann wieder in der Versenkung. Aber mit der einfach-authentischen Art echter Pälzer Viel-osofie von Fritz Walter dem Großen werdd ma Weltmeeschder, Legende, Idol & Regenmacher. Und hat auch die Ehre und das historische Recht, dass das Stadion da oben uff dem heilische Berg seinen Namen trägt, jetz un fer immer un ewisch un drei Daach – ah was sag isch, ewisch un vier Daach. Viel ist schon geschrieben worden über die besondere Atmosphäre im Fritz-Walter-Stadion. Das liegt natürlich am Namen und am Geist des Ehrenspielführers, der immer noch über allem zu schweben scheint – net nur, wenn's regnet. Das liegt aber wahrscheinlich auch an der Höhenluft. Schließlich ist der Betze der höchste Fußballberg Deutschlands. Und wer schon einmal die vielen Stufen hinaufgelaufen ist zur West-kurve, der hat halt mehr Sauerstoff in de Lunge wie annere Leit, wo in irgendeine Firmename-Retorte-Arena dappe. Und das macht sich dann halt im Stadion bemerkbar – mit Laut-stärke und Herzblut!

Aktiv bis zum Abwinke
Ja, die Pälzer sin sportlich. Aber noch nie so viel wie heute, wo eine wie auch immer geartete Anmutung von Bewegung schon gleichbedeutend ist mit „sinnvoller Freizeitgestaltung". Heutzutage bisch du „out", wenn du ke Fitness machschd. Jeder macht des, irgendwie irgendwo.
Frag mal jemand: Was hosch du heit morge gemacht?
Saacht der: Isch bin gerennt.
Wohie?
In de Wald.
Un wohie dort?
Nirchendwo. Äfach so in de Wald un widder zurick.

Verrückt, odder?! Die renne heut äfach so. Frieher war Ren-ne noch anstrengend. Do hosch du en Grund gebraucht dezu. Was weiß ich: de Wecker net gerappelt, de Bus verpasst, die Fraa fort un du hinnerher, de Wachtmeeschder kumme – alla bisch gerennt. Un heit? Rennt ma äfach so.

Wenn's dann wenigstens dabei bleiben würde. Aber nee, heute gibt es eine Unzahl von Möglichkeiten, diesem spezifischen Drang zur sportlichen Höchstleistung nachzukommen, der die Menschen hauptsächlich am Wochenende packt. Da gibt es Kletterparks, Hochseil-Gärten und Aktiv-Camps mit Bogenparcours und Ritter-Rallyes oder die Pfälzer Olympiade mit Baumstammsägen (siehe www.pfalz-aktiv.com). Und: Highland-Games mit Baumstammwerfen und Fasstragen oder Ostereiergecksen und Entenrennen – die Palz ist dermaßen sportlich unnerwegs, dass äm ganz schwinnlisch werdd.

High-Tech-Biking
Überall schießen Verleih- und Informationsstationen für Pedelecs und E-Bikes aus dem bergigen Boden. Diese Elektrofahrräder sind eine tolle Erfindung. Nicht nur, weil's einfacher geht, sondern auch, weil man solchen Profi-Forzathleten auf einfache Art zeigen kann, wo der Bürzel den Fruchtsaft holt (also: de Barddel de Moschd usw.). Am schönsten ist es, wenn man am Berg vor sich einen professionell ausgestatten Rennradfahrer sieht, so en typisch sehnische Hartriggel, wo mi'm Lycra-Ganzanzug und Fiberglas-Stahlhelm auf seinem Ultraleicht-Karbonrad hockt. Trotz streichholzschmaler Reife is er bei der Steigung schon heftig am jappse. Un du als cooler E-Biker? Rollsch dezent newer ihn, dass er net annerschd kann als zu sehe, dass du mit Badeschlappe un'm Schoppe in de Hand uff'm Rad hocksch, dann lächelsch du kollegial niwwer, nimmsch en Schluck (freihändisch bei 12 Prozent Steigung), sagsch ganz freundlisch „Frieher hot's des net gewwe", un dann ziehsch du gnadelos an ihm vorbei. Wichtig: Net vergessen, sich nochmal umzudrehen! Die Visage vergisst kein Sportsfreund mehr, en Gesichtsabdruck mit fundamentalen existentiellen Zweifeln in de feuchte Auge – so macht Fahrradfahren erst richtig Spaß, har, har!

Uff'm Betze.

Aktiv-Krieg im Pälzer Wald

Vorausgesetzt man kommt nicht unweigerlich zwischen die Fronten eines schwelenden Krieges, der allwochenends auf den idyllischen Wegen des Pfälzer Waldes stattfindet. Dort kommen sich zwei Arten von Sportlern in die Quere: Wanderer und Mountain-Biker. Der Pälzer Wald ist zwar groß, aber doch nicht so arg, dass sich diese beiden Erzfeinde an einem Sonntag nicht Wegerechts-Scharmützel liefern könnten. Das beginnt mit kleinen Schikanen: Wandergruppen, die einfach keine Lust haben, Platz zu machen, wenn Radfahrer nahen. Oder Radfahrerhorden, die überfallartig aus dem Unterholz hervorschießen und Hund und Kind in Schockstarre versetzen. Und als Steigerung die Stockattacke mit dem Walking-Stick direkt in die Speichen vorbei hastender Bergrad-Fahrer. Dazu der coole Kommentar: „Wer schnell fahrt, fallt aa schnell hie!" Die Lage an der Waldfront zwischen Wanderern und Radfahrern ist inzwischen im wahrsten Sinne des Wortes verfahren. Im Internet kann man entsprechende Kommentare dazu lesen. Zum Beispiel von einem Biker, der wegen des toleranten Understatements in seinen Kreisen wahrscheinlich schon als Weichei gilt:

„Jeder weiß welche Orte er wann meiden muss um den Wanderern zu entgehen (die haben übrigens auch Ihre Berechtigung den Wald zu nutzen und erbringen auch eine gewisse sportliche Leistung, und wenn's nur beim Schoppen stemmen ist) Für mich wär es der Horror den Berg hochzulaufen. Respekt! Mit ein wenig Rücksicht funzt das schon, Probleme mit den Wanderern gibt's eigentlich selten und wenn dann nur verbaler Art."

Ja, die Art kennen wir. Die ganze abgenudelte Litanei der gängigen Schimpfwörter. Wie schön wär des, wenn die Leut e bissel kreativer wäre mit ihrem Ärger. Gerade für den Verbalkrieg zwischen Fuß- und Radwanderern gäbe es so schöne blumige Verbalinjurien: „Drahtesel-Dollbohrer", „Pedale-Protzer", „Radfahr-Rotzaff" schallt's dem rücksichtslosen Biker hinterher. Und der ruft zurück „PWV-Hütte-Worscht-Athlet", „Waldweg-Worzzelsepp", „Steckewedler", „Walking-Walroß"...

De Kalmit-Klapprad-Cup

Ach Gott wie reich und dialektisch is doch unser Sprooch. Und kaum wär der Ärger in so schöne Pälzer Worte umgewandelt, schon isser verraucht und weiter geht's. Glücklicherweise ist der Pälzer net nur sehr sportlich, er kann darüber hinaus auch noch sehr spontanisch un witzisch sein. Und am besten ist es, wenn beides zusammenkommt, dann wird daraus nämlich der „Kalmit-Klapprad-Cup". Das ist ein mittlerweile berüchtigtes alljährliches 6-km-Spaß-Rennen von Maikammer auf die 673 Meter hohe Kalmit mit originalen Klapprädern ohne Gangschaltung. Rund 200 Leute machen dann aus diesem Gipfelrennen eine Art mobiles Woifeschd. Jedes Rennen steht unter einem anderen Motto, wobei allein schon die Beschreibungen erahnen lassen, was an diesem Tag um den höchsten Berg der Weinstraße herum so alles passiert. 2011 waren die Rennteilnehmer angehalten, sich „very British" zu geben, dementsprechend auch der Aufruf:

„The same procedure as every year: we will bicycle the Kalmit high... We will meet at May-Chamber-Palace around tea time. All clap-wheel driver are warmly welcome to the Royal Klapp. We will celebrate the 20th anniversary of the Royal Kalmit-Klapprad-Cup 2011. The red carpet will be uprolled for all the prominent lady's and gentlemen. Prince Schorles is he-waited and we expect lots of klapparazzi."

Und wer sich die Videos auf der Webseite (www.kalmit-klapprad-cup.de) anguckt, der kann sehen, dass die Jungs und Mädels bewegungsmäßig wirklich was leisten, auch wenn sie, wie beim Radsport üblich, alle gedopt sind, with lots of Pälzer White-Autumn-Schorle, served in the Flowervase-Shopping-Dubbe-Glass.

Batschhändscher wie en Bagger

Eine andere Art des Extremsports ist das „Bouldern". Uff pälzisch: Fels-Kleddre mit de Griffel. Weil's hier ganz besonders schöne Felse gibt, hat diese Bewegung bei uns auch genügend (Achtung Wortspiel!) Anhänger. Der Bärenbrunnerhof im Wasgau war schon immer eine meiner Lieblings-Ausflugsadressen, net nur wegen dem vegetarischen Essen und dem Biohof, sondern auch wegen dem Kontakt mit denne ganze Kraxler do, schmal wie e Brett, awwer Batschhändscher wie en Bagger. Un dann hör denne mol zu:

„Auf der Suche nach der perfekten Bewegung, dem krassesten Move, dem weitesten Dynamo und das alles nur knapp über dem Boden, gehts in meist lässigem Outfit zum Block.

(...) Die Skala, an denen sich der Chronist aufheitern kann, reicht im Pfälzer Wald bis Fb.8a+, was in Vergleich zu der allgemein geschätzen UIAA Skala irgendwo im 11. Grad anzusiedeln wäre."

Aha. Na donn...

„Waren es in der Pfalz anfangs kurze harte maximalkräftige Einzelstellen, die es zu bewältigen galt, kamen in letzter Zeit Ausdauergeräte wie „Bloodsport" Fb. 8a+ trav. am Mühlenberg oder knallharte 3-Zug-Dächer wie „FSK 18" Fb.8a von Pascal ans Tageslicht. Mittlerweile fasst das Gebiet mehr als 800 Boulder."

Jetz wisse mer's.

Nachzulesen auf www.palatinum.info, dem Extremsportportal der Pfalz.

Des Pälzers liebste Sportart

Zammegfasst nochemol: De Pälzer macht immer Sport. Tagein, tagaus, immer. Sogar donn, wenn er nur rumhockt. Sein liebstes Sportgerät ist und bleibt nämlich sei Maul, in Fachkreisen auch „Gosch" genannt, und bei den Damendisziplinen: die „Schlawwergosch". Des Pälzers liebste Sport- und Bewegungsart ist und bleibt die Kommunikation – von wegen „krasse Moves". Ha, verzähl ma nix! Für unsere Rhetorik-Moves braucht ma ke Geräte un ke Outfit un ke Stecke. Des geht äfach so. Immer un üwwerall. Allerdings muss das dafür eingesetzte, angeborene Sportgerät, die Zung, befeuchtet werden – vorzugsweise mit einer Mischung aus Riesling und Mineralwasser. Un schunn laaft's widder. Auch wenn die Pälzer den besten und supersten Fußballverein des Universums haben, der dekoriert ist mit Erfolgen und Triumphen – wirklich unabsteigbar, einzigartig und absolute Meeschder des Universums sind sie nur in einer Disziplin: dem Babbeln.

erleben

betrachten

Der Kalmit-Klapprad-Cup

Ein Rennen als Gesamtkunstwerk

Dieser Gipfel ist höchst umkämpft. Die Kalmit, mit 673 Metern die höchste Erhebung im Pfälzerwald, gilt nicht nur als einer der schönen Aussichtspunkte am Haardtrand. Neben Wanderfreunden, die beim Rasten vor der PWV-Hütte auf dem „Balkon der Pfalz" den Ausblick in die Rheinebene genießen, hat eine wachsende Sportlergemeinde mit Hang zur Extremleistung den Maikammerer Hausberg als Herausforderung für sich entdeckt. Das wohl härteste und zugleich kurioseste Rennen liefern sich hier immer im Spätsommer verwegene Pedaleure auf dem guten alten Klapprad. Der „Kalmit-Klapprad-Cup" ist ein Gesamtkunstwerk für sich und durchaus etwas fürs Auge: Die Teilnehmer müssen sich einem Motto gemäß verkleiden. Gefeiert wird natürlich ebenfalls passend dazu. Gegen diese Gaudi scheint der knackige Kalmit-Berglauf schon fast gewöhnlich, bei dem auf 8.100 Metern Streckenlänge 505 Höhenmeter zu überwinden sind. Auch „ganz normale" Rennradler keuchen immer häufiger die Serpentinen hinauf: Seit 2006 können sie sich hier dank eines „Stoppomaten" (Zeitstempelstellen), ganz ohne Massenveranstaltung mit Gleichgesinnten messen. Die Zeitkarten werden gesammelt, die Werte in einer Datenbank erfasst und als Rangliste ins Internet gestellt. Und weil sich auf diese Weise auch bergab Rekorde erzielen lassen, kann es bisweilen vorkommen, dass den gemütlich zu Tal cruisenden Cabrio-Piloten plötzlich ein Zweirad-Crack mit lautem „Platz-da"-Ruf zu überholen trachtet...

Gisela Huwig

Kalmit bei
Maikammer/Weinstraße

Klapprad-Cup:
Pfälzer Klappverein
Dudenhofen
Fon: 06232.990650
info@kalmit-klapprad-cup.de
www.kalmit-klapprad-cup.de

Kalmit-Berglauf:
TV Maikammer-Alsterweiler
Fon 06321.952555
www.tv-maikammer.de

Stoppomat:
www.stoppomat.de

Pfälzisches Sportmuseum
im Deutschen Schuhmuseum Hauenstein

betrachten   erfahren

Das Rhönrad erfand ein Ludwigshafener

Die Fahrt mit dem gläsernen Fahrstuhl an der Vorderfront der ehemaligen Schuhfabrik nach oben hat etwas Symbolisches: In Hauenstein werden nämlich Schätze gehoben. Und dies gleich zweifach. Zum einen im Deutschen Schuhmuseum, zum anderen im Pfälzischen Sportmuseum. In Kellern, Abstellkammern oder Archiven von Sportvereinen und einzelnen Athleten schlummert vieles, was rund 200 Jahre Sportgeschichte in der Pfalz dokumentiert. Historische Tennisschläger, Kanus, Barren, Seitpferd oder Rennräder gehören genauso dazu wie Plakate, Siegerurkunden, Medaillen oder Pokale von Sportlern, die bei Meisterschaften oder Olympischen Spielen erfolgreich waren. Und lernen kann man dabei auch, zum Beispiel dass das Rhönrad – entgegen seinem heutigen Namen – vom Ludwigshafener Otto Feick Anfang der 1920er-Jahre erfunden wurde. Im Schuhmuseum selbst kann man dann noch tiefer in die Geschichte eintauchen: Denn im detailgenau nachgebildeten Tante-Emma-Laden oder in der Schuhmanufaktur wird die Zeit- und Sozialgeschichte zusammen mit der Schuhkultur im wahrsten Sinne des Wortes begreifbar. Schuhmacherhandwerk und Maschinen zur industriellen Produktion locken auf der einen Seite. Auf der anderen die Schuhe von Prominenten oder – mit sage und schreibe Größe 248 – das größte Schuhpaar der Welt. Und – hier schließt sich dann der Kreis – nicht zuletzt eine umfangreiche Sportschuh-Sammlung.

Michael Dostal

Deutsches Schuhmuseum
mit Pfälzischem Sportmuseum
76846 Hauenstein
Turnstraße 5
Fon 06392.9233340
info@museum-hauenstein.de
www.museum-hauenstein.de
Öffnungszeiten:
Täglich 10 - 17 Uhr (Dez bis
Feb: Mo - Fr 13 - 16 Uhr, Sa, So
10 - 16 Uhr)

Extras
Gruppenführungen auch
außerhalb der normalen
Öffnungszeiten.

erleben

betrachten

genießen

erfahren

entdecken

FCK-Stadionführung

Wie bequem ist die Trainerbank?

Sie mögen erst einmal vorbei sein, die Zeiten, in denen Gästemannschaften mit solchem Respekt anreisten, dass schon durch die Höhenangst die Punkte bei den „roten Teufeln" blieben. Doch immer wieder blitzt er auf, dieser Mythos Betzenberg, zum Beispiel, wenn die Bayern oder die Kölner kommen. Besonders dann verwandelt sich Deutschlands höchstgelegenes Bundesliga-Fußballstadion, das so majestätisch auf 286 Höhenmeter über Kaiserslautern thront, in einen Hexenkessel. Das Fritz-Walter-Stadion ist etwas ganz Besonderes. Wo muss man in Fußball-Deutschland denn wie hier eben nicht mit der S- oder U-Bahn 30 Minuten aus der Stadt fahren, um leidenschaftliche Spiele zu sehen? Wo sonst liegt ein Stadion so nah am Stadtzentrum, dass 49.780 Fans fast aus der Stammkneipe heraus ihr Stadion stürmen können? Und als Zugabe einen wunderbaren Blick Richtung Norden weit über die Stadt hinaus bekommen. Einen Eindruck, davon, wie sich FCK-Spieler und ihre Gegner vor, während und nach dem Spiel fühlen können, ist bestens bei einer Stadionführung nachvollziehbar. Was denken die Kicker beim Gang durch den Spielertunnel? Wie bequem sitzt der Coach auf seiner gepolsterten „Trainerbank"? Wie fühlt sich ein Interview in der Mixed Zone an? Und was haben Sieger und Verlierer nach dem Spiel auf der Pressekonferenz zu sagen? Ob Herzblut-Tour, Red-Devil-Tour, Teufelsbanden-Tour oder die einzigartige Tour an einem Bundesliga-Spieltag: Man kommt in spannenden 90 Minuten an Orte, die man sonst einfach nicht betreten darf.

Christian Roskowetz

Fritz-Walter-Stadion
67663 Kaiserslautern
Fritz-Walter-Straße 1
Anmeldungen:
Fon 1805.318800
stadionfuehrung@fck.de
www.fck.de/de/stadion/besichtigung.html

1. Deutsches Ringer-Museum Schifferstadt

Eine „Liebeserklärung" an ihren Sport nennen die Initiatoren das 1. Deutsche Ringer-Museum. Wer die Ausstellung samt „Hall of Fame" besucht, ist hinterher gerüstet für Fachsimpeleien über den Kran von Schifferstadt und Blumenkohlohren.

67105 Schifferstadt
Bäckergasse 2
Fon 06235.98748
www.ringermuseum.de

Öffnungszeiten:
Jeden 1. und 3. So im Monat von 10 - 12 Uhr und nach Vereinbarung.

Ostereierschießen der SG Ruppertsberg

Nein, auf Eier wird nicht geschossen beim Ostereierschießen. Aber steigenweise bunte Eier nimmt mit nach Hause, wer mit dem Luftgewehr auf zehn Meter Entfernung treffsicher ist. Für den „Zehner" gibt es gleich zwei Eier. 1966, bei der Erstauflage, wurden 200 Eier nach Hause getragen. Bei der 46. Auflage im Jahr 2011 waren es 63.200.

67152 Ruppertsberg
Forstgasse 11
Fon 06326.8191
(Oberschützenmeister Werner Stauder)
werner.stauder@t-online.de
www.ruppertsberg.de

In der Karwoche und am Wochenende davor.

Ostereiergecksen des GV Liedertafel e. V. Weisenheim am Sand

„Spitz' auf Spitz' und A... auf A..." heißt es seit Jahrzehnten, wenn sich Alt und Jung, Groß und Klein beim Frühschoppen mit hartgekochten Eiern duellieren. Der Osterhase bringt die Eier persönlich vorbei. Das Ei, dessen Schale beim Gecksen reißt, wird an den Kontrahenten abgegeben. Obwohl es keinen Schiedsrichter gibt, haben Gipseier keine Chance!

67256 Weisenheim am Sand
Weinprobierstand
„Unter den Linden"
am Obertor
Fon 06322.667838
touristik@vg-freinsheim.de
www.freinsheim.de

Ostermontag, 11 Uhr

Eisstockbahn
Erpolzheim

Kenner wissen, dass die heimischen Eisstockschützen eine Nummer in der Szene sind. Auf Deutschen Meisterschaften und bei internationalen Turnieren vertreten sie die Farben des Dorfes. Trainiert wird auf der großen Asphaltanlage mit 14 Bahnen. Wer den Eisstock selbst einmal an die Daube schießen will, ist herzlich eingeladen.

67167 Erpolzheim
An der Bleiche 3
Fon 06237.3244
stock@tv-erpolzheim.de
www.tv-erpolzheim.de

Öffnungszeiten:
1. April - 30. Sept
Fr 20 - 22 Uhr
(außer bei Regen).

Abenteuerpark
Kandel

Der 2006 eröffnete Kletterpark ist der größte Europas. 24 Hochseilparcours unterschiedlicher Länge, Höhe und Herausforderung ermöglichen Kindern erste Kletterversuche und bringen selbst gestandene Männer mit stahlharten Muckis an ihre Grenzen. Mit Blick über den Kletterpark wird die Waldgastronomie auch für Kindergeburtstage gern genutzt.

76870 Kandel
Badallee
nähe Waldschwimmbad
Fon 07275.618032
office@abenteuerpark-
kandel.de
www.funforest.de

Öffnungszeiten:
Ab 2. Aprilwoche täglich ab 10 Uhr und nach Vereinbarung geöffnet.
Anfang Nov - Anfang April geschlossen.

Kletterwald
Speyer

Ob Tarzan und Indiana Jones schon dort waren, ist nicht zu erfahren. Von Baum zu Baum geht es Schritt für Schritt, auf fünf Parcours mit wachsendem Schwierigkeitsgrad. Alle Kletterer ab fünf Jahren sind willkommen, sich auf der großen Waldanlage auszuprobieren.

67346 Speyer
Erster Richtweg 5
Fon 0176.61011199
klschwind@web.de
www.kletterwald.de

Öffnungszeiten:
Täglich 10 - 19.30 Uhr, Winterpause von Nov - Feb; Änderung der Öffnungszeiten aufgrund von Wetter- und Lichtverhältnissen möglich.

K1 Waldseilpark Fröhnerhof

(Kinder-)Geburtstagsgruppen sind ebenso willkommen wie Schulklassen und Familien: Im Waldseilpark warten auf sie, wenige Minuten vom Naturpark Mehlinger Heide entfernt, acht Parcours mit über 80 Übungen. Von Weiß über Orange, Rot, Grün, Violett und Blau geht es auf die richtig schweren Parcours Braun, Grau und Schwarz. Und danach kommt nur noch das Waldbistro.

67678 Mehlingen
Werner-Liebrich-Straße
Naturpark Mehlinger Heide
zwischen Enkenbach-Alsen-
born und Kaiserslautern
Fon 06303.806045
fun@k1-waldseilpark.de
www.k1-waldseilpark.de

Öffnungszeiten:
1. April - 30. Okt
Fr 14 - 19 Uhr, Sa, So, Feier-
tage 10 - 19 Uhr;
In den Schulferien RLP
Di - So 10 - 19 Uhr und nach
Vereinbarung.

Weitere Kletterparks und Hochseilgärten:

Hochseilgarten
Bad Kreuznach
www.ropeventure.de

Hochseilgarten Baumholder
www.hochseilgarten-team.de

Hochseilgarten Worms
www.hochseilgarten-
worms.de

Allgemeine Infos
zu Hochseilgärten:
www.kletterparks.info

Berg der Berge, Kultstätte, Opferschale, Heiligtum, Rote-Teufel-Tempel, Herzblutkammer, Fritz-Walter-Kathedrale, Emotions-Treibhaus, nur wer's erlebt hat weiß, wie's ist, wenn de Betze brennt! Hier kommen alle Vorder-, Hinner-, West-, Nord- un annere Pälzer, ja sogar Gast-Saarländer auf einen gemeinsamen Nenner. Comedyantische Recherche-Möglichkeiten: unerschöpflich, unendlich, 50.000 Krakel-Rhetoriker in ener Schüssel.
Ausblick: der heißeste, den die Pfalz zu bieten hat.

Lieblingsplatz:
Fritz-Walter-Stadion
auf dem Betzenberg,
Kaiserslautern.

Die Entdeckung der Langsamkeit

Jeder kennt das schöne Liedel „Auf der schwäb'sche Eisebahne"?! Also Menschen ab 35, sogenannte Senioren auf jeden Fall, oder?! Ich jedenfalls hab das früher auf langen Ur-
laubsfahrten oft und heftig vorgesungen (bekommen). Was
zur Folge hatte, dass man die Namen schwäbischer Ortschaften besser kannte als die vun dehääm. Und dann denkt der Bu
vun do uff emol, dass Biberach im Wasgau liegt und Durlesbach
an de südliche Weinstraß. So ein Volkslied-traumatisierter
Junge wird später auf jeden Fall kein Erdkundelehrer, eher
schon Fahrkartenautomaten-Erklärer bei der Deutschen Bahn
oder – Comedian.

Aber, auch wenn es vielleicht geografische Verwirrung
gestiftet hat, das Liedel verstrahlte diese anheimelnde Romantik, die das Kindsein so schön macht. Der perfekte Sound-
track für die Modelleisenbahn von Märklin, die Eisenbahn-

Bahnen

Romantik im Keller, der Traum jedes braven Buben. Und was ist heute davon übrig geblieben: nur noch de Keller. Dahin soll die schwäb'sche Eisebahne in Stuttgart nämlich hin verlegt werden für Milliarde von Euro fer nix un widder nix. Und auch sonst blieb bei der Deutschen Bahn nix mehr – aber auch gar nix mehr – übrig von den alten Schienen-Sentimentalitäten: De Zug kummt nur noch, wann er will. Un wann er will, kummt er monschmol aa gar nimmi. Un wann er doch kummt, kummt er meischdens zu spät. Un wann ma mol des Glück hat, drin zu hocke, dann geht der Stress ja eigentlich erst richtig los. Dann kommt nämlich die Durchsage vom rhetorisch geschulten Bahnpersonal: „Liebe Reisende, schmerzlich Willkommen im ICE blablabla." Und wenn du dann denkst, jetzt könnte man bissel durchschnau-fen, dann wird die Durchsage nochmal wiederholt vom eng-lisch-rhetorisch geschulten Zugpersonal. Du hosch net ge-wisst, dass Günther Oettinger inzwische Zugbegleiter worre is: „Dear Travellerrs. Today we have in our Eating-Waggon a special Deller from Württemberg: Schwäbisch Mouthbags. Sänk ju very matschly." Und wenn du später endlich in den erschöpften Schlummer des rundum gestressten Bahnreisenden abgetaucht bist, dann kommt das psychologisch geschulte Zugpersonal direkt zu dir ins Großraumabteil, um sich nach deinem Wohlbefinden zu erkundigen: „Die Fahrausweise, aber dalli! Alle Jugendlichen unter 15 ohne gültige Fahrtkarte steigen aus und laufen heim, har, har!" So is des heute mit der Bahn. Überall Stress & Stau & Stümpereien & Stoffel & Strohkepp & Stenze, wo mit de Socke newer de Schuh herlaafe.

Überall? Nein. In einem kleinen wundersamen Land im Südwesten Deutschlands, der exotisch-erotischen Pfalz, gibt es noch ein paar Institutionen, die die gute alte Tradition der Eisenbahn-Romantik wieder aufleben lassen. Wer schon einmal mit dem Kuckucksbähnel von Neustadt losgefahren ist, hinein in den tiefen, dunklen, herrlichen Wald, der weiß, dass das Auto in der Kurpfalz erfunden wurde, aber die Zeitmaschine auf jeden Fall hier im Elmsteiner Tal. Da wird der Fahrgast zum staunenden Kind, das mit seiner Modelleisenbahn durch die selbstgebastelte Traumlandschaft fährt: Eine dampfende, schnaufende Lokomotive, die sich so langsam bewegt, dass man nebenher die Wildblumen am Wegesrand pflücken kann – das ist die Bewusstmachung von Reise„geschwindigkeit" und Entfernung. Überall rattert man an dichtem Wald vorbei, im Bächlein springen die Fische und drinnen im Waggon genießt man die gute Gesellschaft der schamanten pälzischen Landsmeute, die dezent und kultiviert(eilt) durchs Abteil schreit:

„Hear Vadder, noch e Lewwerworschdebrot?"
Und die Antwort vom Bappe (dankbar): „Ä-ä."
„Isses net schää do?!"
Und die Antwort vom Bappe (euphorisch): „Jo. Komma losse."

Dann landet man in Elmstein, einem Ort, in dem sich trotz seines flotten Mottos „Alles im grünen Bereich" scheinbar seit Jahrmillionen nichts mehr zum Negativen verändert. Hier gibt's noch die guten alten Gasthäuser mit den schönen ramondischen Namen, die das Herz des Heimatkundlers höher schlagen lassen: „Zur Linde", „Zur Burg", „Waldschlössel", „Pfälzer Hof". Alla, nix wie hie!

Draisineln

Eine andere Möglichkeit, Schienen mit Spaß und Beschaulichkeit zu verbinden, ist die Fahrrad-Draisine, die fortbewegt wird wie ein Fahrrad, das auf den Schienen stillgelegter Bahnstrecken läuft. Das heißt, man muss ganz schön in die Pedalen treten, wenn man vom Fleck kommen will. In der Pfalz gibt es gleich zwei Gelegenheiten, wo man zu zweit oder am besten gleich mit einer ganzen Gruppe losdraisineln kann. Klar, dass daraus dann gleich wieder ein „Event" mit Einkehrstation und Schoppe-Stopp gemacht wird. Auf der Strecke bei Kusel wird sogar eine „Kulinarische Draisinentour" angeboten, mit Picknick und allem drum und dran. Ob des Auswirkunge auf de Führerschein hat, wemma ogedudelt Draisine uff de Schiene fahrt, steht net debei. Aber selbschd wenn, fallt's net so uff, weil mit so'me Gefährt kann ma zumindescht ke Schlangelinie fahre.

„Cross-over" – vun de Kurpalz in die Palz

Andere Pfälzer Bahnen sind vielleicht nicht direkt für Zeitreisen und Romantiker geeignet, haben dafür aber andere ganz spezielle Reize. Die Rhein-Haardt-Bahn zum Beispiel. Seit 1913 schon verbindet sie Mannheim und Bad Dürkheim – eine alte Verbindungsader für Kur- und Palz. Eine „Crossover-Route", die Gegensätze unserer Region aufs eleganteste verbindet. Auch von außen. Es ist einer der schönsten

Anblicke, den die Vorderpalz zu bieten hat, die Straßenbahn, wie sie erhaben und geradezu amphibiengleich durch das Rebenmeer pflügt. Und sitzt man drin, kann man auf einer einzigen Fahrt die gesamte Bandbreite der pfälzischen Lebens- und Agrar-Exotik mitbekommen. Erst die Wingerte, dann das Nadelöhr Ellerstadt, e ganz engi Gass, wo der Wage faschd de Dachkannel abkratzt, und urplötzlich ist man in der Gemüsepfalz, reihenweise Salat un Schlotte un Kohlkepp rausche vorbei, und eh man das gesunde Acker-Aroma richtig eingeatmet hat, schon tuckert die Bahn in LU ein: Haus, Gass, Avenue, Platz, Stadt – unterschätzt und geschmäht, reiz-voll

Rietburgbahn in Edenkoben.

kotzmopolitische Metropole mit dem Duft der großen weiten Welt. Und dann zum Schluss noch niwwer nach Kurpalz-Mannem, Capital of the Wellness-Palatine. Klingt schnell, geht aber langsamer. Schon an „normalen" Tagen ist es ein schönes Erlebnis auf einer Strecke, für die man mit dem Auto rund 20 Minuten braucht, knapp eine Stunde mit anderen Mit(?)menschen in einem Waggon zu sitzen, ihnen lauschen und zusehen zu müssdürfen. Da gibt es langweilige Tage, an denen ein paar stumme Leute aus dem Fenster oder in ihre Zeitung starren. Aber auch andere Gelegenheiten, bei denen alles zusammenkommt, was die Vorder- Hinner- Kur- & Palz so zu bieten hat: taube, weil Köpfhörer-verstöpselte Schüler, US-amerikanische Austauschstudenten, die sich von ihren deutschen Gastgebern lauthals den „Wine" und die „Potato Villages" erklären lassen und das total „cooooooooool" finden, türkische Mitbürger in Apathie-Meditation, Spätschicht-Aniliner auf dem Weg zum Schaffe und eine Asiatin, die wirklich sage und schreibe 50 Minuten in ihr koreanisches Handy krakeelt in einer Sprache, die man nicht versteht, die aber von der Lautstärke her durchaus mit den pälzischen Flüstertönen mithalten kann.

Worschdmarkt-Express

So richtig zum Abenteuer-Trip wird das Fahren mit der Nummer 4 der RNV aber erst im September, wenn der Därkemer Worschdmarkt zum Mittelpunkt der kultigen Wein-Welt wird. (Alkohol)Genuss ohne (Führerschein)Reue für alle, die mit öffentlichen Verkehrsmitteln gekommen sind. In neun Tagen Wurstmarkt werden jedes Jahr rund 90.000 Fahrgäste transportiert. Die kommen erst ganz friedlich an, und nach fünf Stunn Schoppe-Scharmützel beginnt der Spaß erst so richtig – wenn's widder hääm geht, noigepfercht in die doppsende Stroßebohn. Was do abgeht in denne arme Waggons?! Do biege sisch die Schiene vor Scham. Un schunn steht die Rhein-Haardt-Bahn-Abkürzung für was ganz anneres: RHB = Reiheweis Hannebambel & Bohnesimbel. Da muss de Fahrer schon e Spezial-Ausbildung hawwe in Adventure-Trecking, um net glei freiwillisch zu entgleise. Und wenn drin nix abgeht, dann halt drauße. Es gab mal ein Jahr, da haben hunderte heimkehrwillige Wurstmarktbesucher vorm Dürkheimer Bahnhof randaliert, weil die Bahn nicht gekommen ist. Und wer war Schuld? En Schoppestemmer-Kolleg, der mi'm Auto heimfahre wollte, von der Straß abgekommen ist, sein Karre direkt auf den Schienen notgeparkt hat und dann einfach heimgelaufen ist. Ja, die Pälzer Eingeborene handeln halt immer nach ihrer genetisch angewachsene Wein-Vielosofie, die da heißt: Es kummt wie's kummt. Nur manschmol konn's aa annerschd kumme.

Minigolf in der World of Fun

erleben

betrachten

Spaß unter Schwarzlicht

„Du bist dran!" Die Mitspieler reagieren ungeduldig, wenn jemand zum wiederholten Male nicht gleich den kleinen Ball auf dem Startpunkt platziert und abschlägt. Aber in der Minigolfanlage des Spiel- und Sportparks World of Fun in Zweibrücken gibt es eben auch viel zu sehen. Der Clou der 18-Loch-Bahn: Es ist sozusagen „Dunkelgolf", gespielt wird unter Schwarzlicht. Und so ausgeleuchtet, punktet jede Bahn mit Neonfarben: giftgrün, grellgelb, orange... Zudem eröffnet jede Station eine eigene optische Mini-Welt – hier prangen Dschungeltiere an der Wand, dann wird eine dreidimensionale Pyramide zum Ziel. Endgültig schräg und schrill wird es bei den Science-Fiction-Monstern, die jedem „Men in Black"-Film zur Ehre gereicht hätten. Wenn dazu Hardrock-Musik aus den Lautsprechern schallt, kommt diese wie gerufen. Manch Anhänger des klassischen Minigolfspiels wartet vielleicht lieber auf gutes Wetter, um auf der Bahn am Zweibrücker Campingplatz seinem Hobby nachzugehen. Im Vergleich dazu ist die Schwarzlicht-Bahn auch das teurere Vergnügen, aber dafür optisch etwas Besonderes. Für die künstlerische Ausgestaltung zeichnete Andreas Hella aus Wörth verantwortlich. Und „drumherum" gibt es Bowlingbahnen, eine Eislaufhalle (Ice Arena), Gastronomie sowie einen Indoor-Spielplatz für Kinder.

Martina Sema-Weiß

World of Fun Freizeitpark AG
66482 Zweibrücken
Europaallee 11 (Nähe Flughafen)
Fon 06332.4817970
info@wof-zw.de
www.wof-zw.de
Öffnungszeiten:
Mo - Sa 14 - 1 Uhr
So, Feiertage 10 - 1 Uhr
In den Oster-, Herbst- und Weihnachtsferien von Rheinland-Pfalz bereits ab 11 Uhr geöffnet.

Extras

Geburtstagsfeiern sind möglich. Das Outlet-Center Zweibrücken („The style outlets") liegt direkt um die Ecke.

betrachten   genießen   entdecken

Stumpfwaldbahn am Eiswoog

Durch Wald und Wiesen tuckern

Eine solche Attraktion wie in dem 1800-Seelen-Dorf Ramsen gab's auf keinem anderen Weihnachtsmarkt: Eine Mark kostete in den 1990er-Jahren die Fahrt mit einem Dampfzug. Dafür wurden kurzerhand Schienen auf der Straße verlegt. Es handelte sich um eine aus dem Bergbau der Region stammende Schmalspur-Feldbahn.

Vorn schnaubte und zischte die Lok, hinten nahmen die Passagiere in detailverliebt restaurierten, offenen Waggons Platz. Das waren die Anfänge der Stumpfwaldbahn. Inzwischen lockt sie nicht mehr auf den Weihnachtsmarkt – der Fahrbetrieb hat sich stark erweitert. Auf einer eigens gebauten, vier Kilometer langen Strecke zwischen Ramsen und dem idyllischen Eiswoog-Stausee tuckert das Bähnchen nun regelmäßig nach Fahrplan durch Wald und Wiesen. Da glänzen nicht nur Kinderaugen, wenn es etwas ruckelig aber gemächlich vorbei an Rindern und Pferden, am Eisbach und Kleehof-Weiher geht. Zwischendurch werden Weichen gestellt, der Zug rattert über eine kleine Brücke und natürlich fehlen auch die Pappfahrkarten nicht, die vom Zugbegleiter mit Schirmmütze wie in alten Zeiten mit einer Zange gewissenhaft gelocht werden. Wer das komplette Eisenbahn-Programm möchte, reist am besten auch mit dem Zug an. Denn Ramsen verfügt über sage und schreibe fünf Bahnhaltepunkte: Ramsen-West, Ramsen-Bockbachtal und Eiswoog – mit eigenem Fachwerk-Bahnhof – gehören zur Stumpfwaldbahn, während die große Deutsche Bahn AG von Grünstadt her kommend die Station Ramsen und sonntags ebenfalls den Eiswoog ansteuert.

Tobias Grauheding

Stumpfwaldbahn
Bahnhof Eiswoog
67305 Ramsen
Fon 06356.8035
www.stumpfwaldbahn.de
Fahrplan:
www.stumpfwaldbahn.de
Die Schmalspurbahn fährt
zwischen Eiswoog und Ramsen
(Ortsausgang, Mühlstraße)
von Ostern bis 3. Oktober an
Sonn- und Feiertagen.

Extras
Am Ausflugsziel Eiswoog
starten Wanderwege durch
den Pfälzerwald, es gibt ein
Hotel-Restaurant mit Seeblick,
Spielplatz und Forellenzucht.

Fahrt mit dem Kuckucksbähnel

betrachten   entdecken

Mit rußgeschwärztem Lächeln

Als ich klein war, hatte ich den Traum vieler Jungs. Ich wollte Lokführer werden. Dann stand Profifußballer ganz oben auf meiner Wunschliste. Heute bin ich Redakteur, der über Restaurants und Weinstuben schreibt. Und der doch hin und wieder die Chance bekommt, über den Tellerrand seines Ressorts hinauszublicken. Dazu gehört eine Fahrt mit dem Kuckucksbähnel, das auf einer stillgelegten Bahnstrecke zwischen dem Eisenbahnmuseum in Neustadt, dem Heimatort der Museumsbahn, und Elmstein verkehrt. Auf einer malerischen, 13 Kilometer langen Route, die entlang des Speyerbachs führt und die neben interessierten menschlichen Zuschauern auch Eisvogel und Fischreiher zu den Kiebitzen zählt. Die zucken auch nicht zusammen, wenn der Lokführer mit rußgeschwärztem Lächeln den Hebel für die Signalpfeife zieht. Zischend, blubbernd und dampfend bahnt sich die knapp 82 Tonnen schwere „Speyerbach" den Weg bis nach Elmstein. Eine knappe Stunde benötigt die 1904 in Köln gebaute Zugmaschine, an der die altertümlichen Wagen samt Museumsschänke hängen, um ihr Ziel zu erreichen. Mit 420 PS und einer Spitzengeschwindigkeit von 40 Stundenkilometern schnaubt der Zug den Berg hinauf, rhythmisch den Dampf ausspuckend, der nur selten die schöne Aussicht aus dem Zugfenster trübt. Im Hintergrund das schwere Atmen der Lok, das nicht nur die Herzen von Eisenbahnromantikern höher schlagen lässt. Am Ziel dann Fototermin: Kinder und Junggebliebene stellen sich vor der „Speyerbach" und im Führerhäuschen in Pose. Als schöne Erinnerung...

Markus Giffhorn

DGEG Eisenbahnmuseum
Neustadt
67434 Neustadt/Weinstraße
Schillerstraße 3
Fon 06321.30390
info@eisenbahnmuseum-
neustadt.de
www.eisenbahnmuseum-
neustadt.de

Extras
Fahrplan und Fahrpreise:
www.eisenbahnmuseum-
neustadt.de

Abtauchen ins Biotop, einsam, auf kleinstem Raum alles, was die Natur-Palz zu bieten hat: Früchte, Wein, Nüsse, wilde Tiere, ein herrlicher Weg zum Runterkommen.
Comedyantische Recherche-Möglichkeiten: keine. Ungewollt dann doch, wenn nette Hundebesitzer deinen einsamen Weg kreuzen.
Ausblick: Gemälde mit „Wingert-Rahmen" bis zum Odenwald.

Lieblingsplatz:
Berntal bei Leistadt,
Kreis Bad Dürkheim.

Vorgeschichte

Vun Kelte un Römer

Die Pfalz ist die schönste, exotischste und liebenswerteste Region ganz Deutschlands – mindeschdens. Wer hierher kommt, versteht entweder gar nix und fährt wieder weg. Oder aber er erliegt unweigerlich dem natürlichen Zauber des Landes und dem dialektalen Charme seiner Bewohner („jo alla, bloos die Backe net so uff!").

Kein Wunder also, dass durch die gesamte Geschichte hindurch verschiedenste Menschen, Rassen und Kulturen sich hier niederließen. Angefangen hat's mit de Kelte. Das waren wohl die ersten Besucher überhaupt. Damals gab's noch ken Woi, ke Dompfnudel, ken FCK – un trotzdem warn die total fasziniert von unserer Gegend. Auf dem Donnersberg haben sie dann eine der größten Siedlungen der damaligen keltischen Welt gebaut, umringt von einer acht Kilometer langen und vier Meter hohen Mauer. Des is schunn bissel was anneres,

als nur mol e Wohnmobil fer e paar Tag do uffstelle un dann so tun, als ob man „fälzisch bappelen können täte, hihi." Nä, nä, des mit denne Kelte war was ernschdes. Wie man sich das vorzustellen hat, kann man noch am Fuß vom Donnersberg sehe, im Keltendorf Steinbach. So arg viel annerschder wie e schäänes Pälzer Dörfel hot des aa net ausgseh.

Warum die Kelten dann wieder weg sind? Wer weiß des schon. Irgendwann warn'se nimmi do. Net nur aus der Palz, aus der ganzen Geschichte: verschwunden! Von jetz uff noochher äfach fortt! Ganz mysteriöse Gschischt, des mit denne Kelte. Konn ma spekuliere, warum. Vielleicht warn da zwei Ur-Pälzer zusammengesessen beim Auerochsen-Trinkhorn-Schoppe-Trinke und haben sich einen Spaß daraus gemacht, ihre eingewanderten Landsleute ein bisschen zu verhonepiepeln.

Meint der eine: „Hear die Kelde, brauchsch du die?"

Meint der andere: „Nää, eigentlich net!"

„Alla hopp, vergesse mer se!"

„Genau, wer braucht die heit schunn noch, die Kelde. Mir is die Wärme sowieso lieber, haha, haha, haha!" Und weil die Kelten äfach ke Uzerei vertrage konnde, so sensibel ware die, do sin'se dann äfach widder fortt. Verrickt odder?!

Wenn die Römer net gewesst wäre...
Aber dann kamen ja die Römer. Und die haben damals schon gewusst, wo man sich als Roigeritschder am besten nieder-lässt: am Haardtrand, ein Weingut am Berg über Ungstein, eine rustikale Luxusvilla in Wachenheim („Villa rustica"). Heute sind das schöne Plätze zum Besichtigen. Die Römer

Die Limburg.

waren zwar streng genommen auch Besatzer. Aber dafür haben sie den Leuten wenigstens auch e bissel was mitgebracht: Kultur, Zivilisation und so Sache. Also net so wie ihre Weltbeherrschungs- und Pfalz-Besetzungs-Nachfolger, die US-Amis, die bringe meistens nur owwergscheide Sprüch, viel Krach und ihre berühmte ernährungstechnische Errungenschafte mit. Bei den Römern war das eher sowas wie Wasserleitungen, Baukunst und Weinbau. Und wenn man sich dann des römische Weingut mal in Ruh anguckt, dann wird einem erst bewusst, wie des alles so kumme is mit dem mediterrane pälzische Lewensgfühl, gell?! Ach Gott, wenn die Römer net gewesst wäre, was dete mir Pälzer heut trinke – Met aus Stierhoden? Wodka aus de Flasch? Äppelwoi aus'm Bembel?

Da muss ma dene antike Italiener schon sehr dankbar sein. Direkt über Bad Dürkheim haben die sogar ein Loch in den Wald gemacht damals, ein römischer Steinbruch. Der heißt heute Kriemhildenstuhl, weil die Nazis so gern eine altgermanische Kultstätte ghabt hätte. War aber nix, historisch-hysterisch gsehe.

Die Römer ware's, das weiß man heut genau. 200 nach Christus hat hier die 22. Legion, die normalerweis in Mainz stationiert war, angefangen Steine zu hauen. Und des alles für eine Villa in Mainz (das ist ungefähr so, wie wenn man 2000 Jahre später mit pfälzische Steuergelder ein Fußballstadion in Mainz bauen würde. Geschichte wiederholt sich halt doch immer wieder). Ma könnt ihne jo grad e bissel bös soi, dass die bei uns e Loch in de Wald gehauen haben, um die ganze Stääner nooch Mainz zu verschleppe. Aber heute sind wir da drüber weg. Vor allem, wenn man erstmal gemerkt hat, was für ein toller Ort dieser Steinbruch ist. Ein Abenteuerspielplatz für alle Generationen, zum Rumklettern, zum Rumhocken und zum Rumgucken. Die Römer haben nämlich Graffitis auf den Felsen hinterlassen – wemma im Lateinunterricht in de Schul bissel uffgebasst hot, kann man die sogar lesen und verstehen. Und wenn net, dann guckt man sich halt nur die Bilder an, do sin e paar gonz schää drastische Sache debei. So wie bei uns in de Schul im Bubeklo. Der Kriemhildenstuhl ist eins von den interessantesten und immer noch ziemlich unentdeckten Ausflugszielen an der Haardt. Alles wege denne Römer.

Die Gen-Cuvée als Leitkultur

Und wer heute sieht, wie Sauerländer, Niedersachsen, Holländer und Belgier die Pfalz nicht nur als Ausflugs- und Urlaubsziel ansteuern, sondern manchmal sogar als neuen Wohnort besetzen, der muss der Geschichte dankbar sein, die aus uns Pfälzern so tolerante, fremdenfreundliche, lockere Mensche gemacht hat mit so einer gastfreundliche „Leit-Kultur": Bei uns hen die Leit Kultur. Ganz tief in uns drin wissen wir, dass des germanisch-keltische Blut durch die Jahrhunderte hindurch immer wieder schön durchgemischt worden ist mit lauter exotischen Einflüssen. Und dass wir erst dadurch dieses einzigartige edle Cuvée allerfeinster Reb-Gensorten geworden sind, die Grand Crutz Palatina de l'Europe. Alla. Wemma's so sieht, komma die paar tausend Ausflugs-Tripper, wo do jedes Wocheend üwwer uns herfalle, doch locker verkrafde, odder?! Alla, simma widder gut.

Burgruine Gräfenstein bei Merzalben

 erleben   betrachten   erfahren

Bergfried mit sieben Ecken

Mit zwölf, dreizehn habe ich meine Eltern vermutlich zur Verzweiflung getrieben. Ich hatte damals beschlossen, sämtliche Burgruinen der Pfalz – und seien es auch noch so nichtige Reste – aufzuspüren und fein säuberlich zu dokumentieren. Nun ja, sehr weit gedieh mein ehrgeiziges Burgenprojekt ehrlich gesagt nicht. Aber immerhin führte es mich an Stätten, die ich noch heute gerne aufsuche wie der Gräfenstein bei Merzalben. Doch was hat diese Burgruine, was andere nicht haben? Zum Beispiel einen siebeneckigen Bergfried – und damit eine angeblich für ganz Deutschland exklusive architektonische Extravaganz. Mit seiner spitzesten Ecke schiebt sich dieser Turm gegen eine dicke, mit schönen staufischen Buckelquadern verkleidete Schildmauer. Dahinter schließt sich das Wohngebäude an, der Palas. Von ihm ist, neben Außenmauern mit Fensternischen und Kaminresten, sogar noch der Abortturm erhalten. Das alles thront auf einem kleinen Felsplateau und dürfte in seinen ältesten Teilen aus dem 12. Jahrhundert stammen, wohingegen die Unterburg, die die Oberburg ringförmig umgibt, jüngeren Datums ist. Und: Kein Ausflugslokal verstellt hier den Blick auf die Ruinen, kein neuzeitlicher Wiederaufbau hat die Burg, die einst den Grafen von Leiningen gehörte, verfälscht. Dadurch erblickt man im Gräfenstein eine für den stauferzeitlichen Burgenbau charakteristische Anlage. Und das Ganze obendrein in relativer Waldeinsamkeit: Wer unter der Woche hierher kommt, hat gute Chancen, auf dem Gräfenstein ganz allein zu sein.

Kai Scharffenberger

Burgruine Gräfenstein
Tourist Information
Gräfensteiner Land
66976 Rodalben
Am Rathaus 9
Fon 06331.234180
tourist@rodalben.de

erleben   erfahren

Das Keltendorf
in Steinbach am Donnersberg

Palisadenspiel

Achtjährige sind historisch-kritisch noch nicht begabt. Was es mit den Kelten auf sich hatte, wird ihnen kaum beizubringen sein. Wohl aber mögen sie Grundzüge des Cowboy- und Indianerspiels begriffen haben. Und daher vor Begeisterung ausflippen, wenn sie die mächtige Palisaden-Mauer oberhalb Steinbachs erblicken. Sehen Wildwest-Forts in den US-amerikanischen Western von gestern nicht genauso aus? Man kann also im Keltendorf unterhalb des Donnersberges die kleineren Kinder fröhlich Cowboy und Indianer spielen lassen, während sich die größeren (und vielleicht auch Mama und Papa höchstselbst) ein wenig in die Lebensweise unserer Vorfahren, 2000 und mehr Jahre zurück, einfühlen lernen. Nach einem in Westheim ergrabenen Grundriss hat man ein keltisches Dorf rekonstruiert. Viel mehr als die im Boden noch als Verfärbungen sichtbaren Löcher, in denen einst Pfosten der Fachwerkbauten staken, ist freilich von den Originalen nicht übriggeblieben. Alles Oberirdische – Fachwerkgestalt, Haushöhe, Oberflächenbehandlung der Lehmausfachungen musste man, jahrhundertealter Handwerkstradition folgend, frei rekonstruieren. 2003 wirkten die Handwerker, schon in der ersten Saison 2004 kamen 18.000 Besucher. Die Saison dauert von April bis Oktober und wird traditionell am Vorabend des Allerheiligenfestes mit einer keltischen Samhain-Feier abgeschlossen. Übers Jahr gibt es Veranstaltungen (Lederworkshop, Bogenbaukurs, Kindertag), Gruppen können nach Anmeldung auch weben, backen oder Münzen gießen.

Roland Happersberger

Keltendorf
am Donnersberg e. V.
67808 Steinbach
Brühlstraße
Info und Gruppenführungen:
Fon 06352.1712
www.keltendorf-steinbach.de
Öffnungszeiten:
Sa 11 - 17 Uhr, So 10 - 17 Uhr
und während der Ferien in
Rheinland-Pfalz Do 15 - 19 Uhr
werden verschiedene Programmpunkte angeboten.

Extras
In der Nähe sehenswert:
Keltengarten, wenige hundert
Meter entfernt;
Vorchristlicher Keltenwall
auf dem Donnersbergplateau.

Römerrundweg um Bad Dürkheim

erleben   genießen   erfahren

Wo Wandern schlau macht

Zugegeben: Zu den großen Wanderern zähle ich nicht. Die Bezeichnung Gelegenheits- oder Sonntagswanderer wäre wohl angebracht, manche nennen es auch einfach Spaziergänger. Und das reine Naturerlebnis muss es für mich schon gar nicht sein. Ich möchte etwas sehen, gut einkehren – und dazwischen vielleicht meine Geschichtskenntnisse aufpolieren. Der 20 Kilometer lange Römerwanderweg rund um Bad Dürkheim bietet das: mit der Römervilla Weilberg, dem römischen Steinbruch Kriemhildenstuhl oder mit der „Villa rustica" an der B 271 Richtung Wachenheim. Diese restaurierte Ruine ist eine Schule des antiken Alltagslebens mit römischem Keller, Badeanlagen, Grabmalen, Sarkophagen und vielen bebilderten Informationstafeln. Auch Kinder und Jugendliche lassen sich in diesem römischen Hofgut aus dem 1. bis 5. Jahrhundert gerne in die Vergangenheit zurückversetzen, besonders, wenn sie selbst die beeindruckende Fußbodenheizung entdecken. Dann heften sie sich voller Spaß auch weiterhin an die Sandalen der Römer. Und folgen zu Fuß (oder mit dem Auto) die fünf Kilometer nach Ungstein zum antiken „Reservat" des römischen Weingutes Weilberg. Hier kann man sich lebhaft vorstellen, wie die Römer schon vor 2000 Jahren Trauben (und zwar von geschätzten 30 bis 40 Hektar Rebflächen) mit nackten Füßen in zwei Becken getreten haben. Kommt beim Gedanke an den Rebensaft Appetit auf: Die eher nicht-römischen Restaurants und Gaststätten in Bad Dürkheim, Ungstein und Wachenheim vermögen ihn bestens zu stillen.

Christian Roskowetz

Römerwanderweg
um Bad Dürkheim:
Faltblatt bei
den Verkehrsämtern

Bad Dürkheim:
Kurbrunnenstraße 14
Fon 06322.935-140
info@bad-duerkheim.de
www.bad-duerkheim.com

Wachenheim:
Weinstraße 15
Fon 06322.9580-32
touristinfo@vg-wachenheim.de
www.wachenheim.de

betrachten

erfahren

entdecken

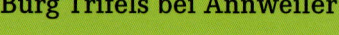
Burg Trifels bei Annweiler

Ein traumhaftes Erlebnis

Ein bewölkter Sonntag im Jahre 1193: Eine Gruppe Unentwegter schlägt sich durch das Dickicht des Pfälzerwaldes. Ihr Anführer ist in Strumpfhosen gekleidet und der beste Bogenschütze seines Landes: Es ist Robin Hood. Nur noch wenige hunderte Meter, dann haben er, Little John, Bruder Tuck und die anderen Gesetzlosen ihr Ziel erreicht: das Verließ der alten Reichsburg, in der Richard Löwenherz vom Staufer-Kaiser Heinrich VI. gefangen gehalten wird. Wie zuhause im Sherwood Forest wollen sie auch hier für Gerechtigkeit kämpfen und ihren verehrten König befreien... „Schau!“: Ein Schrei lässt meine Traumwelt platzen wie eine Seifenblase. „Schau“ ruft mein Sohn nochmals und zeigt auf die Sonnenstrahlen, die das über der Burg liegende Wolkenband durchdringen und den Nebel über den Baumspitzen verdrängen. Nun bietet sich eine herrliche Aussicht vom 50 Meter hohen und auf einer Höhe von 494 Meter gelegenen, dreifach gespaltenen Felsen, dem Tri-Fels: die Rheinebene im Osten, südlich und westlich die Höhen und Tiefen des Pfälzerwaldes, gen Norden das Queichtal und zu Füßen das Städtchen Annweiler. Aus dieser Richtung kämpfen sich Wanderer die schlängelnde Straße hinauf. „Eilt euch“, möchte man den Schweißgebadeten zurufen, „die Führung durch den Palas und die Königskapelle, vorbei an den kaiserlichen Reichskleinodien, beginnt gleich.“ Doch lieber wende ich meinen Blick wieder dem Weitblick zu. Ein traumhaftes Erlebnis − ebenso wie Robin Hood und seine Mannen...

Christian Roskowetz

Burg Trifels bei Annweiler
Anmeldung von Führungen:
Büro für Tourismus
76855 Annweiler am Trifels
Fon 06346.2200
info@trifelsland.de
www.trifelsland.de
Öffnungszeiten:
Karwoche bis 30.9. 9 - 18 Uhr,
1.10. bis Karwoche 9 - 17 Uhr.

Letzter Einlass 30 Minuten vor Schließung, im Monat Dezember und wenn Schnee liegt geschlossen.

Sickingenmuseum Landstuhl

Wer war Franz von Sickingen? Ein Ritter ohne Furcht und Tadel? Das in der Zehntenscheune eingerichtete Museum zeigt anhand von Schriftstücken, Bildern und Gegenständen ein buntes Panorama über seinen geschichtlichen Hintergrund, seine politische und geistige Entwicklung sowie seine Wirkung auf die Nachwelt.

66849 Landstuhl
In der Zehntenscheune
Fon 06371.830
tourismus@landstuhl.de
www.landstuhl.de

Öffnungszeiten:
Nach Vereinbarung.

Westwallmuseum, Festungswerk Gerstfeldhöhe Pirmasens-Niedersimten

Freunde von Bunkeranlagen finden in der bisher auf 1.000 Meter restaurierten Tunnelanlage unter anderem Schautafeln und Modelle über das Bunkerinnenleben sowie den Bau und die Geschichte des Westwalls. Nachrichten amerikanischer Soldaten an den Stollenwänden sind noch heute zu lesen.

66955 Pirmasens-Niedersimten
In der Litzelbach 2
Fon 06331.46147
g.wagner.g@t-online.de
www.westwall-museum.de

Öffnungszeiten:
Sa, So 13 - 17 Uhr und nach Vereinbarung; Gruppenführungen: 06331.842299

Burg Berwartstein Erlenbach

Wer gut zu Fuß ist, Stufen gibt's viele, kann in der wieder vollständig aufgebauten Felsenburg hoch oben auf der Bergkuppe unter anderem eine Folterkammer bei Kerzenlicht besuchen, im historischen Rittersaal schmausen wie die „Rittersleit" und im Barbarossaturm ritterlich übernachten. Das ist Mittelalter hautnah erleben.

76891 Erlenbach
Fon 06398.210
www.burgberwartstein.de

Öffnungszeiten:
Täglich geöffnet.

De Bappe Rhoi und anderes H$_2$O

Manche Leute denken, die Pfälzer haben mit Wasser nicht viel im Sinn. Beim Mischen ihres Nationalgetränks Rieslingschorle mag das zwar ansatzweise stimmen, denn da wird das Wasser wirklich nur als „Effekt" benutzt, um das ganze spritzischer zu machen und um sich selbst beim Heimschwanken vorzumachen, dass man ja den ganzen Abend „nur" Schorle getrunken hat.

Abgesehen davon aber ist Wasser ein überaus wichtiges, verehrtes Element. Der große Strom, de Bappe Rhoi, fließt hier vorbei und neben ihm gibt es gerade in der Vorderpfalz eine wunderbare Unzahl von Gewässern, Seen, Tümpeln, Weihern und stillgelegten Flussarmen, Biotopen und anderen Ansammlungen von H$_2$O. Was e Glück, dass der Karlsruher Ingenieur Johann Gottfried Tulla den Rhein im 19. Jahrhundert begradigt hat. Dadurch sind die ganzen schönen sauberen

Wasserflächen erst entstanden. Wenn net, wär der Rhein heut zwar viel kurviger, aber die Wasserqualität det wahrscheinlich zum Himmel stinke. So aber haben die Pfälzer einem Gelfüßler diese Unzahl von schönen kleinen und größeren Seen zu verdanken. Und do, wo kein stillgelegter Flussarm einen See übrigggelassen hat, da wurde halt nachgeholfen und so lang gebuddelt, bis en Baggerweiher voll war. E Wies außerum, e Werttschaft dezu – schunn hot de Pälzer soi Feuchtbiotop. Hier lebt er dann seine tropischen Neigungen aus und ist sich sicher, dass er allen Ozeanen und Palmenstränden der Welt näher ist, als jeder andere Deutsche.

Natürlich ist der Eingeborene von hier in erster Linie ein Binnenländer, lebt er doch eindeutig zwischen Sandstein und Hügelkette, Wald und Bachlauf, Rüben und Reben, Fabrikschloten und Forellentümpeln. Von der feierwütigen, lebensluschdischen pfälzischen Mentalität her allerdings könnte man meinen, direkt hinter dem Haardtrand beginne der Palmenstrand.

Viele sagen ja, die Pfalz wäre so schön mediterran. Und überall arbeiten die Einwohner auch daran, diese Atmosphäre her-
und vor allen Dingen hinzustellen: e römischi Amphore fers
Wohnzimmer, e sizilianischi Stechpalm fer die Garageoifahrt
un e antiki Aphrodidde fer de Gaarde. Das mag woanders
Mode und Trend sein. Bei uns aber hat es damit etwas ganz
anderes auf sich. Hier kommt der Hang zum Exotisch-Me-
diterranen aus dem kollektiven pfälzischen Unterbewusst-
sein. Hier ist es eine evolutions-psychologische Hommage
an unsere Vorfahren, den alten Stamm der PaLatinos. Diese
unsere Urväter haben dereinst ihre alte Heimat, die Karibik,
verlassen müssen. Dort wollten sie eigentlich niemals weg,
war doch die Insel, auf der sie wohnten, Palatinidad, das Paradies auf Erden. Allerdings hatte sie einen großen Nachteil:
Jedes Jahr musste die Weinlese ausfallen, weil die Trauben
wegen der tropischen Hitze immer wieder direkt am Stock
verdozzelten. Irgendwann beschlossen die Ur-PaLatinos „E
Paradies, wo ken Woi wachst, is ke Paradies" und wanderten
aus. Als sie nach Europa kamen, merkten sie, dass die besten
Weinlagen am Meer schon besetzt waren (Bordeaux, Chianti).
Also wagten sie das Experiment, sich im deutschen Binnen-
land zwischen Rhein und Wald niederzulassen. Der Rest ist
Ge-chichte...

Der Pfälzer als binnenländischer Mediterraniker
In der Pfalz fehlt jetzt zwar der große Ozean, dafür gibt es
aber wenigstens eine Unzahl kleinerer Gewässer. Und schon
allein die Namen wecken exotische Holiday-Assoziationen:
Gelterswoog, Eiswoog, Schönthalweiher, Silbersee, Nachtwei-
deweiher, Niederwiesenweiher...
      Das lockt auch unsere europäischen Nachbarn an. Zum
Beispiel die fahrenden Mobil-Blockierer der A 61, unsere
Freunde aus den Niederlanden. Immer mehr machen, auf

Am Rheinufer bei Speyer.

dem langen Treck der gelben Nummernschilder gen Süden, hier in der Pfalz Zwischenstation. Wer einmal erleben möchte, was Holländer mit ihren kleinen Anhängern machen, muss dafür nicht an die Costa Brava fahren. Sondern nur nach Bad Dürkheim und dort mit kurzen Hosen (inkognito) über den Campingplatz am Almensee schlendern. Dieser Holiday-Park ist umsonst und trotzdem voll abenteuerlich. Holländisch-deutsche Urlauber-Idylle pur. Manche professionell improvi-sierten Vorgärten an den Hauszelten sehen so gemütlich aus, dass die Besitzer die Weiterfahrt wahrscheinlich aufgegeben haben, weil es ihnen hier so gut gefällt wie – am Meer. Da haben wir's wieder.

Und selbst da, wo es kaum Wasser gibt, das an Holiday und Urlaub erinnert, schafft sich der Pfälzer als binnenländischer Mediterraniker sein plätscherndes Mittelmeer-Idyll – in Form eines Brunnens. Überall in der Pfalz stehen kleine Kunstwerke fließenden Wassers. Kein Wunder! Denn de dollschde, kreativschde Brunnenbauer vun de ganze Welt is, wie kann's annerschd soi, en Pälzer aus Lautre: Gernot Rumpf. Was fer wunderhübsches, abgfahrenes Kundsch-Gedees der Kerl in die pälzer Weltgschischt (un aa woannderschd schunn) gstellt hot. Do defür gheert'm de Goldene Dubbeglas-Orde mit Affegriff am Band und Dank, Dank, Dank & Donkschää nochemol! Hier sind Chako's drei persönliche Rumpf-Lieblingsbrunne: de Kaiserbrunnen am Mainzer Tor in Kaiserslautern, de Tabakbrunnen in Herxheim-Hayna und natürlich der Wallfahrtsort für alle Liebhaber des pfälzer Nationaltieres, de Elwetritsche-Brunnen in Neustadt.

Und wenn de Pälzer dann do hockt im Schatte vun'eme Mandelbaum und sein Schorle mit ganz wenig Wasser trinkt, während eine feine warme Brise die Feigeblätter raschle lässt, da macht er dann keine Witze mehr, dass die Palz die Toskana Deutschlands ist un so Ferzz. In dem Moment weiß er es ganz genau mit jeder Faser seines PaLatino-Seins: Das Mittelmeer fängt nicht irgendwo hinter den Alpen an. Sondern: direkt hinner Altrip.

Kanutouren auf der Glan

erleben   betrachten   entdecken

Seeräuber voraus

Wenn man es richtig macht, gleitet man fast lautlos übers
Wasser. Nun könnte man die Natur genießen, die Vögel
zwitschern oder die Blätter im Wind rascheln hören. Man
müsste nicht einmal die Augen schließen, um sich in einem
Urwald zu wähnen, so dicht wachsen Büsche, Gräser und
Bäume am Flussufer. Äste ragen weit über den Glan und
schützen an heißen Tagen vor der Sonne. Wir hatten allerdings gefährliche Piraten an Bord. Statt gemütlichem Schip-
pern platschten ihre Paddel ins Wasser, dass es spritzte.
Wenn die Seeräuber ein feindliches Boot sichteten, grölten
sie „Fünfzehn Mann auf des toten Manns Kiste", als hätten
sie selbst die Buddel voll Rum intus. Kleinere Steinschwel-
len wurden zu unüberwindbaren Felsen im Meer. Berührte
das Kanu den Grund, dann strandete ihr Schiff auf einer
einsamen Insel. Nur das Umtragen eines Wehrs, was das
Ziehen des Bootes auf dem Kanuwagen bedeutete, schien
ihnen nicht standesgemäß. Doch da meuterten die „Gefan-
genen", denn Paddeln und Schleppen – das war zu viel!
Büßen mussten sie ihre Aufmüpfigkeit beim Landgang. Die
Piraten versumpften bei Limonade in den Dorfspelunken,
Zeit für einen Spaziergang durch das idyllische Örtchen
blieb daher nicht mehr. Ihr Trost: Die Strömung trieb das
Kanu weiter, die Paddler schonten ihre Kräfte. Als die Seeräuber schläfrig wurden, glitten die Paddel im gleichmä-
ßigen Rhythmus links und rechts ins Wasser und trieben
das Boot leise und mühelos flussabwärts. Nun konnte man
die Stimmen der Natur genießen...

Ute Günther

Tourist-Information Meisenheim
55590 Meisenheim
Obertor 13
Fon 06753.12123
info@meisenheim.de
www.meisenheim.de

Extras

Mehrere Anbieter verleihen
Kanus und bieten organisierte
Touren an. Näheres dazu
bei der Tourist-Information
Meisenheim.

erleben genießen

Sommerlaune am See

Meine Füße verabscheuen trockenen Sand. Jedes Sandkorn scheint einzeln zwischen meinen Zehen zu reiben. Barfuß mittags zur Strandbar ging daher gar nicht. Lieber abends auf einen Malibu-Ananas. Dann hatten sich die Sandkörner zu einem kühlen festen Untergrund verbunden. Wenn die Füße zu kalt wurden, gab es immer irgendwo ein Lagerfeuer. Nie zu weit von der Strandbar entfernt, sonst schmolzen die Eiswürfel beim Getränkeholen. Nicht zu nah, sonst waren die Stimmen zu schrill und das Gelächter zu laut; kollektives Genießen des Meeresrauschens dann nicht mehr möglich. Irgendwann zog jemand die Klampfe hervor und bei „Lady in Black" klang ein perfekter Sommertag aus. Die Zeit kehrt zurück: barfuß im Sand, den Blick aufs Wasser gerichtet, mit dem Strohhalm zwischen den Limettenschnitzen stochern. Die Grillen zirpen um die Wette. Einer holt sich an der Beachbar eine Djembe. Trommelt zu „Bamboleo" von den Gipsy Kings. Das Lied haben sie schon damals gespielt. Unter der Woche geht es am Lambsheimer Nachtweideweiher sehr entspannt zu. Die Bierfass-Tische bleiben leer, auch Hängematten sind noch frei. Party ist wohl eher zu den Mittwochskonzerten und am Wochenende angesagt. Schaukelt man halt noch weiter hin und her. Aus den Topfpalmen wächst die Erinnerung an meterhohe Dattelpalmen. Das Plätschern eines späten Schwimmers wird zum Wellenrollen am Strand. Eintauchen in den Mondschein – das hätte jetzt was. Mitten im Alltag Urlaub am Wasser. Fast wie ein Tag am Meer.

Ute Günther

Beachbar Lambsheim
67245 Lambsheim
Nachtweide 2
Fon 06233.55650
smarusic@hotmail.de
www.beachbar-lambsheim.de
Öffnungszeiten:
Mitte März - Ende Okt
Mo - Fr 15 - 24 Uhr, in den Sommerferien ab 12 Uhr,
Sa, So 12 - 24 Uhr.

Extras:
Während der Sommermonate Mi kostenlose Konzerte, Bademöglichkeit und Rundweg von etwa 2,5 Kilometern um den Lambsheimer Nachtweideweiher.
In den Wintermonaten gibt es eine Ice-Bar, geöffnet am Wochenende, Fr - So ab ca. 14 Uhr.

Hafenrundfahrt in Ludwigshafen

betrachten   erfahren   entdecken

Am Zusammenfluss von Rhein und Neckar

Der Schiffsanleger an der Mannheimer Kurpfalzbrücke am Neckar liegt mitten in der Stadt. Doch sollten die Straßenbahn oder die eigenen Füße zur Anreise genutzt werden, denn legale Parkplätze in der Nähe sind rar. Auch empfiehlt es sich, rechtzeitig die Plätze auf der „Kurpfalz" einzunehmen. Erfahrungsgemäß sind die besten mit der guten Aussicht vorn am Bug oder oben auf dem Deck schnell belegt. Auch ein Kissen als Puffer zwischen Sitzfleisch und harter Holzbank erweist sich für die rund zweieinhalbstündige „Große Hafenrundfahrt" als vorteilhaft. Aber es geht auch ohne, denn schnell wird der Kopf durch die langsam am Ufer vorbeigleitenden „Sehenswürdigkeiten" abgelenkt. Zuerst grüßen bunte Container, schließlich liegt der Kai im zweitgrößten Binnenhafen der Bundesrepublik. Dann stößt schon bald der Neckar an der Spitze der Friesenheimer Insel auf den Rhein. Und kaum zu glauben, der Zusammenfluss ist deutlich zu sehen: das Rheinwasser schimmert smaragdgrün, der Neckar in einem dunklen Blau. Schnurgerade schießt hier der Rhein an der BASF vorbei, ein Erbe des badischen Ingenieurs Johann Gottlieb Tulla, der den Fluss zu Beginn des 19. Jahrhunderts aus wirtschaftlichen Gründen begradigt hat. Vorbei geht es dann am Shoppingcenter „Rhein-Galerie" als neueste Errungenschaft am Ludwigshafener Ufer neben dem historischen Flecken der Rheinschanze von 1829, der Keimzelle des späteren Ludwigshafen. Hier wendet das Boot und strebt durch einen idyllischen Altrheinarm zurück zum Anleger.

Bernhard May

Kurpfalz Personenschifffahrt
Inh. Robert Schneider
Postfach 21 11 08
67011 Ludwigshafen
Fon 0621.17895282
kurpfalz@online.de
www.kurpfalz-schifffahrt.de

Extras
Schiffsliegeplatz: Mannheim-Kurpfalzbrücke (Cahn-Garnier-Ufer). Das Schiff „Kurpfalz" kann auch gechartert werden: Abfahrt, Ziel und Zeiten frei wählbar, Preis nach Absprache.

erleben

betrachten

Die Wesch in Kaiserslautern-Morlautern

Mehr Wasser

Sensationell schön – ein geniales Schwimmbad für richtig heiße Sonnentage. Und die Überraschung beim ersten Mal ist enorm: So viel Wasser! So blau! So viel Erinnerung an Kinderzeiten! Ich lege mich platt auf die Wiese und blinzle übers Becken: Kein Ende scheint die himmelblau leuchtende Wasserfläche zu haben, fast wie Meer. 163,80 Meter lang, wie am Rand stolz verzeichnet ist. Man will gleich hinein ins herrliche Nass. Es dauert aber eine Weile, bis man in den dicht am Becken stehenden Bretterhäuschen eine Kabine gefunden hat. Einige haben 100 Jahre dem Wetter getrotzt und scheinen nur noch durch dicke beige-blaue Farbschichten zusammengehalten zu werden. Denn schon 1908 hat der Schwimmverein Kaiserslautern das Bad mit der Wasserfläche von 10.500 Quadratmetern bauen lassen. Das Tiefbrunnenwasser ist kühler als in anderen Bädern. Es ist weich und beißt nicht in den Augen. Schwimmen, planschen, spritzen. Hohe Beckenwände, Wasserrohre am Rand zum Festhalten, blau gestrichener Beton. Zwei Rutschbahnen im Nass, ein hoher Zehn-Meter-Sprungturm. Im ersten Drittel ragt ein betonierter Steg ins Becken und begrenzt den richtig tiefen Teil. 50 Meter. Hier sind auch die größeren Schwimmbäder zu Ende. Wie viele von ihnen würden hier reinpassen? Sechs, acht? Prustend tauche ich unter. Hier ist Schwimmbad pur, ohne jeden Schnickschnack. Nur Wasser, Wiese (mit Strandvolleyball- und Ballspielfeldern), Kiosk (mit dünnem Kaffee, knackigen Pommes Frites, herzhafter Bratwurst). Herrlich, unbedingt empfehlenswert.

Roland Happersberger

Freibad Waschmühle
67659 Kaiserslautern
Waschmühle 1
Fon 0631.3704108
www.waschmuehle.de
Öffnungszeiten:
Mi - Mo 8 - 20 Uhr,
Di 12 - 20 Uhr; die Kasse
schließt um 19 Uhr.

Extras:
Busverbindung: Linie 112
(Waschmühle, Bad)

Kaiserbrunnen Kaiserslautern

Bestaunen konnte Barbarossa diesen Brunnen leider nicht, denn Wasser sprudelt dort erst seit 1987. Aber gefreut hätte sich der Kaiser schon, sitzt er doch erhaben auf fünf Metern Höhe, flankiert von König Rudolf von Habsburg, Fischen aus dem Kaiserwoog, „Elwetritsche" und Elefanten.

67657 Kaiserslautern
Mannheimer Straße
am Mainzer Tor
Tourist-Information:
Fon 0631.3652317
touristinformation@kaiserslautern.de
www.kaiserslautern.de/tourismus

Ganzjährig zu sehen.

Tabakbrunnen Herxheim

Blühende Tabakstauden, ein Motorradgespann, Einhorn, Mäuschen, die am Brotkorb nagen, Tabakhasen...
Der von Gernot Rumpf entworfene Brunnen mit seinen in Bronze gegossenen Wasser speienden Figuren lädt zum heiteren Verweilen ein.

76863 Herxheim bei Landau
Richard-Flick-Straße
am Rathaus
Fon 07276.501107
verein-suew@herxheim.de
www.herxheim.de

Ganzjährig zu sehen.

Badeseen

Infos zu Badeseen
www.badegewasser.rlp.de

Gelterswoog
67661 Kaiserslautern
www.gelterswoog.de

Silbersee
67240 Roxheim
www.bo-rox.de

Badesee Schlicht
67141 Neuhofen
Fon 06236.54126

Blaue Adria Altrip
(Badesee mit Campingplatz)
67122 Altrip
Fon 06236.3831

Naturerholungsgebiet
Niederwiesenweiher
67459 Böhl-Iggelheim

Almensee
(Badesee mit Campingplatz)
67098 Bad Dürkheim
Campingplatz:
Fon 06322.61356

Schönthalweiher
66996 Ludwigswinkel
im Reislertal

Wie aus dem Bilderbuch, hier wird endgültig klar,
warum die Toskana „die Pfalz Italiens" genannt wird,
Wein, Gourmetessen, Mittelalter, die Burgruine als
einer der schönsten Open-Air-Orte der Region.
Comedyantische Recherche-Möglichkeiten: gut; die
Gassen sind eng, die Besucher sind zahlreich, da gibt's
immer was zu hören...
Aussicht: grandios. Die Pfalz im Herzen, die Kur/Pfalz
zu Füßen.

Lieblingsplatz:
Burg Neuleiningen.

Das Schoppeglas als Gemeinschaftseigentum

Was dieses wunderbare Land oft so unbegreiflich macht, ist das Schwanken seiner Bewohner. Also gemeint ist nicht der Effekt nach übermäßigem Genuss ihres Lieblingsgetränks, sondern die pfälzische „Ambivalenz", dieses Hie-un-Her-Ge-zerrt-Sei zwische de Extreme. Die Pfalz und ihre Bewohner schwanken oft zwischen:
Provence & Provinz,
Superlativ & primitiv,
zwische hiwwe & driwwe,
gonz weit vornne & zurück gebliwwe,
zwische erleuchtet & net ganz richtig im Kopp,
un Einstein un Landeck...

Und diese durchaus gewollte Unentschiedenheit der Pälzer findet ihren Ausdruck auch in ihren Genussmitteln, dem

Wein

Spannungsverhältnis zwische Weck-Worschd-un-Woi und Haute Cuisine. Und natürlich trifft dies auch auf den Wein zu, der hier so extrem gut gedeiht, dass man aus ihm einfach alles machen kann, was die Skala der Genüsse hergibt: die feine Weißburgunder Spätlese Trocken für Fisch und Meeresfrüchte ebenso wie de Weißherbschd halbdrogge fer de Dorschd, der Riesling Grand Cru aus dem Paradiesgarten in Deidesheim oder de Schorlewoi Nr. 1 vom Schubkarchstand uffem Därgemer Worschdmarkt.
Bei uns gibt's alles.

Un damit auch alles fortkummt, gibt's an alle Ecke der Pfalz ein (Wein)Fest. Oder mehrere. Es ist ein zutreffendes Klischee, dass die Eingeborenen hier gerne feiern. Man muss seinen außergewärttischen Freunden nur mal den Kalender „Die Pfalz feiert" unter die Neugier-Nasen halten, ein verräterisches Machwerk, das von Januar bis Dezember Hunderte derartiger Zusammenkünfte auflistet. Im Feste feiern und im „feste feiern" sind die Pälzer Weltmeeschder. Damit lässt sich nämlich nicht nur gut sein, sondern auch gut verdienen. Dementsprechend groß ist die einheimische Festdichte. Und weil es zu auffällig wäre, wenn jeder kleine Ort im Jahr mehr als zwei oder drei verschiedene Weinfeste und Kerwen hat, werden immer wieder auch andere Sachen zum Anlass genommen zu feiern: Frühlingsanfäng, Maibäum, Olivenöl, Rettich, Gääßböck, Handkees oder Brunne oder Ritter. Oder Blüte! Blüte eignen sich hervorragend: Mandelblütefeschd, Kirschblütefeschd, Rebblütefeschd, Handkäsblütefeschd. Oder Fischerfeschd, des kommt auch immer gut. Überall Fischderfeschde. Do kannsch hie gehe wo'de willschd, in de hinnerschde Hinnerwald – ken See, ken Fluss, ke Bach, do is noch nie en Fisch lebend vorbeigschwumme... Fischerfeschd!

Aber bleiben wir beim Weinfest. Das ist eine Wissenschaft für sich, die viele nicht verstehen. Menschen, die den tieferen Sinn dieses pälzischen Pow-Wow nicht begreifen (wollen?), glauben, dass die Eingeborenen nur dorthin gehen, um ihren alkoholischen Flüssigkeitshaushalt zu maximieren. Nichts könnte der Wahrheit weniger entsprechen. Nein, hier geht es um die soziale Interaktion. Hier kommen alle zusammen, alt und jung, fit und fett, dummdreist und indellektüll, grell und hell. Hier ist der Generationenkonflikt aufgehoben. Es gibt zwar Ausnahmen, wenn des Nachts manchmal Wodkavorgeglühte Jugendliche randalierend über das Fest herein- und auch sonst -brechen. Aber im Idealfall sitzen hier Alt und Jung zusammen, halten sich an ihren Gläsern fest und freuen sich an ihrem Sein. Das Ritual ist dann immer das gleiche: Jeder guckt so lange in sein Glas, bis er oder sie nur noch vielosofisches von sich geben kann: „Es kummt wie's kummt." – „Un wonn's net kummt, kummt's halt net." – „Jo. Wo'd Reschd hosch, hoschde Reschd."

Bei diesen Gelegenheiten sind die Eingeborenen noch gesprächiger, noch lockerer, noch lauter als sonst. Dass es überhaupt noch eine Steigerung gibt, ist eigentlich undenkbar, aber es gibt sie. Nun schreien die Pfälzer sogar, wenn sie flüstern. Und das Schoppenglas wird zum Gemeinschaftseigentum: Jeder derff do mol soi Schnut mit dro hänke. Manche sagen, dass der Wein in dem Glas sich mit mindestens vier weiteren Trinkern ihrem Speichel vermischt haben muss, dass des en echte Pälzer Schoppe is. Nee, nee, des is net eklisch. Das ist das eingeborene Ritual der Gemeinschaftlichkeit, das Beschwören der Zusammengehörigkeit. Das ist wie die Friedenspfeife bei de Indianer, wie die Schwitzhütte bei de Apalatsche. Das ist wie auf dem Betzenberg das 50.000-kehlige Einsingen vor dem Spiel „Der FCK ist wieder da...“ So wird zamme gschweißt, was zamme ghört, e kleines unbedeutendes Völksche in der Südwest-Ecke von Deutschland: net wischdisch, awwer voll rischdisch!

Pälzer Edel-Wein

Doch das ist nur die eine Seite der Pälzer Wein-Kultur. Die hat schon immer existiert, auch in Zeiten, als der Pfälzer Wein noch verschrien war als Massenwein und Glykol-Gluckser, zum Saufe schlecht genug, aber zum Genieße auf keinen Fall. Und weil es immer noch Menschen gibt, die dieses Stereotyp in ihrem Kopf haben, kämpfen ehrenwerte Organisationen wie www.Deutsche-Weinstraße.de oder www.Pfalzwein.de darum, den einheimischen Wein imagemäßig in der großen weiten Welt zu etablieren. Da ist die Schoppeglas-Verbindung dann zwar gut für die Folklore, nicht aber für die großen Nasen der Edel-Wein-Welt. Do muss ma uffbasse. Viele einheimische Weine spielen jetzt wieder in der ganz großen Liga mit. So wie früher schon, als Queen Victoria sich bevorzugt Pfälzer Riesling hat kommen lassen. Gut, schääner isse deswege aa net worre, awwer das hat seinerzeit den Ruhm so mancher Lagen an der Mittelhaardt begründet, deren Namen

Wurstmarkt Bad Dürkheim.

in den Ohren der Weinkenner bis heute klingen wie Himmelsharfen.

Und welche Gnade, wenn man selbst vor Ort leben darf, direkt mittendrin im gelobten Land im Rebenmeer! Die Dichte an gewissenhaften, kreativen, jungen Winzern ist heute so groß, dass man selbst als sogenannter „Kenner" immer wieder positiv überrascht wird. Wer also pfälzische Wein-Neuentdeckungen wirklich gewissenhaft machen will, der geht am besten auf eine der Weinmessen, die in den letzten Jahren so zahlreich geworden sind: Pfälzer Barrique-Forum, Weintestival, Weinkost Gipfeltreffen usw. Hier zahlt der interessierte Fachbesucher einmal einen Eintrittspreis und kann danach, so lange er will, kilometerweise die Stände der verschiedensten Winzer ablaufen und probieren, probieren, pro-bier...ennn, bis de Gaume zammekracht un die Leber lacht. Da muss man sich schon sehr lange Zeit lassen, dass die Geschmacksnerven so etwas aushalten, ohne zu kapitulieren. Und: Immer nur gurgeln und dann schön in den Napf zurückspucken. Oder man ist halt Voll-Profi – im wahrsten Sinn des Wortes. Von denen gibt's einige. Nach vier Stunden Nonstop-Weinprobe stehen die da wie der vollbehangene Rebstock im Herbststurm, das heißt, eigentlich sin'se voll wie e Granat, aber weil's halt ein besonderes Probier-Event ist, versuchen die Süffel immer noch den Schein des Connaisseurs zu wahren. Kaum noch's Glas grad hebe könne, und trotzdem kommen immer noch so Kenner-Worte wie „Taniline", „Restfüße im Alloholgehalt" und „Geschmacksknoten von Persching un Glitschi" über die Tester-Lippen. Ja, es kann ziemlich anstrengend sein, wenn man immer noch den Experten raushängen muss, wo man doch eigentlich schon längst in der „Ja so en gude Palzwoi"-Sing-und-Schunkel-Phase ist. So wird dann, bei aller erfolgreichen Anstrengung Pfälzer Wein in der Weltspitze zu etablieren, die alte Regel wieder bestätigt: Im Prinzip isses egal was des für ein Wein ist, wo er herkommt oder wie er aussieht oder was für ein Kunstetikett uff der Flasch bappt – wenn'de zuvil saufschd, wersch'de voll devu. Und selbst das ist hier nicht so schlimm wie woanders, denn bei uns ist diese oben beschriebene Art der vermehrten Flüssigkeitsaufnahme eher gesundheitlich-rituell als Suchtbedingt. Wie heißt es so schön: In de Palz muss enner schunn viel saufe, bis ma saacht „Der trinkt!".

Und das wichtigste Kriterium für einen guten Wein ist und bleibt halt, aa in hunnert Jahr noch: Schmeckt er oder net? Des is doch donn gonz egal, ob des jetz en Müller aus de Literflasch is odder en Gran Krutz de le Portemonnaie. Wenn's schmeckt wird en Pälzer immer euphorisch und emotional das höchste Lob, was er zur Verfügung hat, jubilierend in die Umwelt hinausrufen: „Komma trinke."

erleben

betrachten

genießen

Pfälzer Picknick in Mußbach

„Fröhlich Palz! Gott erhalt's!"

Die Stiefel dampfen, die Hände frieren, der Magen fängt an, sich zu rühren. Wann ist es endlich soweit, dass die frisch gelesenen Trauben zur Kelter gebracht werden können und das Pausen-Picknick zur Weinlese bereit ist. Da geht einfach nichts drüber, nach getanem Werk im Weinberg den frischen Neuen Wein zu kosten, die Sonne im Gesicht zu spüren und bei einer deftigen Vesper die Mühen der Lese langsam abzuschütteln, zu entspannen und in fröhlicher Runde die Pfalz zu genießen. Doch was ist das? Viel buntes Volk strömt herbei mit den unterschiedlichsten Gefährten und Kennzeichen. Sie scheinen ähnlich zu empfinden. Doch statt Trauben abzuliefern, machen sie es sich auf den Garnituren im Hof der Mußbacher Kellerei gemütlich, bestellen beim Winzer Neuen Wein und genießen ganz ohne die Mühen der Lese den frischen Rebensaft zum Pfälzer Picknick. Bei bester Stimmung packen sie ihre Körbe aus. Brezeln, Salate, Käse, Gurken und Wurst wird auf bunt karierten Decken ausgebreitet und so manche Schoppen drehen ihre Runden. Die Stimmung steigt, gesungen wird, gebabbelt und viel gelacht, bevor der letzte Dämmerschoppen kreist und Mensch und Kelter wieder zur Ruhe kommen. „Fröhlich Palz! Gott erhalt's!" – um mit den Worten von Karl Gottfried Nadler aus dem Jahre 1847 zu schließen.

Sabine Demirci

Fest beim Neuen Wein
Ende August bis Anfang
November, täglich 10 - 21 Uhr,
im Hof der Kellerei,
An der Eselshaut 32
Winzergenossenschaft
Weinbiet e.G. Mußbach
Fon 06321.67970
www.wg-weinbiet.de

Extras:
Speisen am Imbiss-Stand
oder aus dem eigenen Rucksack, Livemusik am Wochenende; Kellerführungen
Mo - Sa 16 Uhr.

Rotweinwanderung in Freinsheim

erleben

genießen

erfahren

Mit Fackeln durch den „Musikantenbuckel"

„Nach dem Spiel ist vor dem Spiel", lautet eine Fußballer-weisheit, die einst Sepp Herberger von sich gab. In der Pfalz lautet sie sinngemäß „Nach dem Fest ist vor dem Fest". Denn wenn die Saison der weinfröhlichen Veran-staltungen unter freiem Himmel Ende September/Anfang Oktober langsam zu Ende geht, steigt schnell die Vorfreude auf den Beginn der neuerlichen Reihe von Weinfesten. Wo-bei es eigentlich gar keine Pause gibt, wird die Zeit doch mit Weihnachtsmärkten überbrückt. Ehe dann im Januar die Open-Air-Saison bereits wieder startet. Mit der Rotwein-wanderung in Freinsheim, die trotz oftmals noch eisiger Temperaturen nicht nur Pfälzer auf den Weg durch die Weinlage „Musikantenbuckel" locken. Einer von ihnen bin ich. Mir gefällt es, unter grauer Wolkendecke auf der etwa 6,5 Kilometer langen Strecke zu spazieren, einen leckeren Dornfelder, Spätburgunder, Cabernet Sauvignon oder Mer-lot zu probieren, dabei deftige Leckerbissen aus den mobi-len Küchen der mehr als zehn Stände zu genießen, welche die Winzer aufgeschlagen haben. Auch wenn die Landschaft noch nicht viel Blühendes zu bieten hat, so ist es doch eine ganz besondere Atmosphäre, wenn die Besucher eng bei-sammen stehen und sich auch von kühlem Wind die offen-sichtlich gute Laune nicht verderben lassen. Besonderen Charme hat die Fackelwanderung am Freitagabend, wenn es dunkel wird. Dann sind quer über die kargen Weinberge nur die beleuchteten Stationen und zwischendrin kleine schimmernde Lichtpunkte zu sehen, an denen der Besu-cherstrom zu erkennen ist.

Markus Giffhorn

Rotweinwanderung in Freins-heim, Mitte/Ende Januar.
Termine: www.freinsheim.de

i-Punkt Kallstadt
67169 Kallstadt
Weinstraße 111
Fon 06322.667838

i-Punkt Freinsheim
67251 Freinsheim
Hauptstraße 2
Fon 06353.989294
touristik@vg-freinsheim.de
www.freinsheim.de

genießen

erfahren

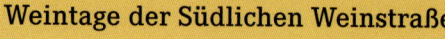

Entdeckungsreise in die Vielfalt der Weine

Ein Genuss-Festival für alle Sinne sind die Weintage der Südlichen Weinstraße. Weinverkostungen mit einem breiten und qualitativ hochstehenden Angebot bietet die Pfalz eine ganze Reihe. Es gibt aber kaum eine Örtlichkeit, die für Wein-Kultur und Wein-Genuss schöner sein könnte. Das Frank-Loeb'sche Haus und – weil sich inzwischen Jahr für Jahr über 90 Winzerinnen und Winzer vorstellen – auch noch das Kulturzentrum Altes Kaufhaus sind architektonisch ein Höhepunkt inmitten der Stadt Landau. Weit über 600 Weine und Sekte können hier gekostet und miteinander verglichen werden. Bei ihrer Entdeckungsreise durch die breite Palette der Weine der Südlichen Weinstraße werden Besucher durch die Winzerinnen und Winzer begleitet. Geruch und Geschmack der guten Tropfen ergänzen sie nämlich offen und fachkompetent mit den gewünschten Informationen. Das persönliche Gespräch ist der Schlüssel zu neuen Erfahrungen. Vor allem viel Zeit und Ruhe muss man deshalb mitbringen, um die Weintage wirklich genießen und nutzen zu können. Dabei ist es hilfreich, sich seinen eigenen Weg durch die Vielfalt der Weine zu suchen. Dazu gehört die richtige Portion Neugier und natürlich die Offenheit, sich durch Neues überraschen zu lassen. Und damit ist nicht nur der neue Jahrgang gemeint, der traditionell bei den Weintagen im Mittelpunkt steht. Denn Jahr für Jahr werden die Weintage mit einem kulturellem Thema verbunden.

Michael Dostal

Weintage
der Südlichen Weinstraße
(immer Ende Juni am Wochenende nach Fronleichnam)
Veranstalter:
Verein Südliche Weinstraße
Postfach 2124
76829 Landau in der Pfalz
Fon 06341.940414
wein@suedlicheweinstrasse.de
www.suedlicheweinstrasse.de

Extras:
Die Weintage enden immer montags mit einem Fachbesuchertag.

Weinsensorik-Seminare

betrachten

genießen

erfahren

entdecken

Warum schmeckt Barriquewein nach Vanille?

Wie kommt der Pfirsich in den Riesling? Und die grüne Paprika in den Sauvignon blanc? Und was macht die Brombeere im Spätburgunder? Fragen, die ich mir gerne bei Wein-Seminaren beantworten lasse. In geselliger Runde erklärt der Sensorik-Experte, warum ich Früchte, Gewürze, Aromen oder auch die Mineralität eines Bodens, auf dem ein Wein wächst, mit der Zunge erkennen kann. Dabei tauche ich ein in eine unglaubliche Geschmackswelt, die so viel Ungeahntes offenbart. Jede Rebsorte hat dabei ihre eigenen typischen Merkmale, die sich je nach Trinktemperatur verändern. Was sich dabei auf dem Gaumen abspielt, ist für den Laien kaum zu beschreiben, entlockt aber dem Experten beschreibende Worte, die für Begeisterung sorgen. Und dann kann auch ich plötzlich sich entfaltende Aromen entdecken und erschmecken, die mir sonst verborgen blieben. Wie den Pfirsich im Riesling. Doch damit nicht genug. Mein Wissensdurst ist nicht gestillt. Denn: Welcher Wein schmeckt zu welchem Käse? Darf es zum Fisch nur Weißwein sein? Und kann ich auch Schokolade zum Wein kombinieren? Der Experte weiß Rat. Er hat ein paar besondere Weine ausgewählt, erlesene französische Rohmilchkäse eingekauft und vorzügliche Valrhona-Schokolade in petto. Schon sitze ich beim nächsten Seminar in geselliger Runde und vertiefe mein Weinwissen, ein gefülltes Gläschen in der einen, ein Häppchen in der anderen Hand – und genieße das Zusammenspiel...

Markus Giffhorn

Michlers Weinerlebnisse
Dr. Steffen Michler
67098 Bad Dürkheim
Römerplatz 13
Fon 06322.955331
info@weinsensorik.de
www.weinsensorik.de

Beerewei(n)-Museum Eulenbis

Eine echte Königin residiert in dem kleinen westpfälzischen Dorf Eulenbis: die Beerewei(n)königin, die sich auskennt mit dem Getränk, das traditionell aus der Frankelbacher Orsborner Mostbirne gekeltert wird. Dem feinen Tropfen widmet sich das zugehörige kleine Museum im Bürgerhaus.

67685 Eulenbis
Hauptstraße
Fon 06374.1310
www.eulenbis.de

Öffnungszeiten:
Nur nach Vereinbarung.

Dürkheimer Riesenfass

200 Tannen mussten den Schwarzwald verlassen, damit der junge Winzer und Küfermeister Fritz Keller seinen Traum verwirklichen konnte. Er baute Mitte der 1930er-Jahre das größte Fass der Welt. Dieses könnte rund 1,7 Millionen Liter Wein fassen, wenn, ja wenn nicht bis zu 430 Menschen dort herumsäßen, um die Pfälzer Küche zu genießen.

67098 Bad Dürkheim
St. Michaels-Allee 1
Fon 06322.2143
reservierung@duerkheimer-fass.de
www.duerkheimer-fass.de

Öffnungszeiten:
Täglich geöffnet.

Weizenbierglasmuseum Altrip

Wenn einer seit 1980 dieser speziellen Leidenschaft intensiv nachgeht, dann kommt am Ende das heraus: 2238 Weizenbiergläser aus 1400 deutschen Brauereien. Wer also noch Exemplare im Keller hat: Eine Fehlliste zeigt des Sammlers Lücken auf.

67122 Altrip
Berlinerstraße 13
Fon 06236.30478
weizenchris@web.de
www.weizenbierglas-museum.de

Öffnungszeiten:
Besichtigung auf Anfrage.

Korkenzieher-Museum Leinsweiler

Praktisch, schön, skurril, aufwändig, witzig, filigran, historisch und neu: 850 Korkenzieher vereint in einer Sammlung, auf die alle diese Beschreibungen zutreffen. Annette Minges und Oliver Steiner haben sie zusammengetragen. Zu besichtigen sind sie mit originellem Zubehör, wie alten Weinflaschen und Verkorkungsgeräten, in einem alten Kellergewölbe aus dem Jahre 1722.

Sonnenberg 9
76829 Leinsweiler i.d. Pfalz
Fon 06345.8518
annette-minges@t-online.de
www.korkenzieher-
museum.de

Öffnungszeiten:
Mo - Mi 16 - 18 Uhr
oder nach Absprache.

Vino Miglia Oldtimerrallye

Die Oldtimerrallye von der Pfalz nach Südtirol und zurück fand 1997 unter dem Namen „Drei-Weinstraßen-Rallye" das erste Mal statt. Abwechselnd mit der Internationalen Weinrallye startet die Vino Miglia alle zwei Jahre (nächster Termin: 22. bis 29. Juni 2013). Da der ursprüngliche Gedanke, die Verbindung der beiden Weinstraßen, auch heute noch als Leitfaden gilt, wird der Gesamtsieger am Ziel in Landau in Wein aufgewogen.

Veranstalter:
Automobil-Club Maikammer an der Weinstraße e.V.
info@vinomiglia.de
www.vinomiglia.de

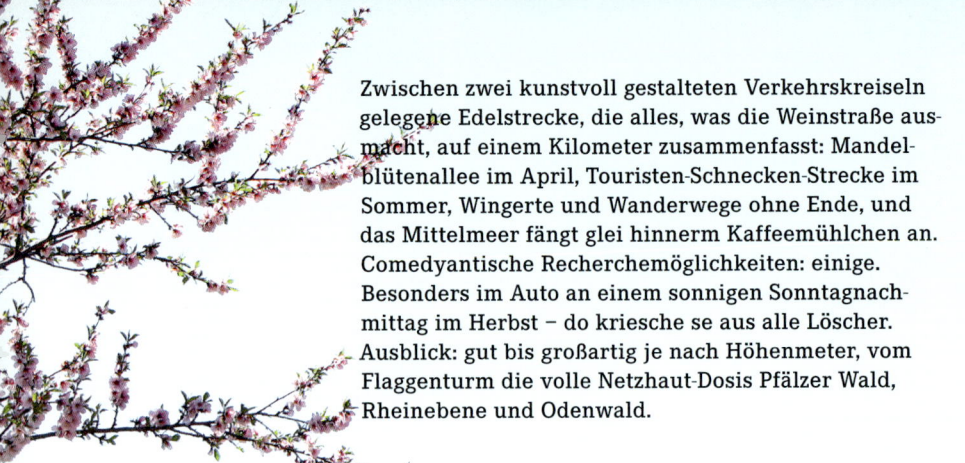

Zwischen zwei kunstvoll gestalteten Verkehrskreiseln gelegene Edelstrecke, die alles, was die Weinstraße ausmacht, auf einem Kilometer zusammenfasst: Mandelblütenallee im April, Touristen-Schnecken-Strecke im Sommer, Wingerte und Wanderwege ohne Ende, und das Mittelmeer fängt glei hinnerm Kaffeemühlchen an. Comedyantische Recherchemöglichkeiten: einige. Besonders im Auto an einem sonnigen Sonntagnachmittag im Herbst – do kriesche se aus alle Löscher. Ausblick: gut bis großartig je nach Höhenmeter, vom Flaggenturm die volle Netzhaut-Dosis Pfälzer Wald, Rheinebene und Odenwald.

Lieblingsplatz:
Weinstraße zwischen
Bad Dürkheim
und Wachenheim.

Bewegung

Die Stille-Box im Schlappeflickerland

Die Pfälzer sind Bewegungskünstler. Schon seit langer Zeit. Die erste deutsche Demokratie-Bewegung nahm hier vom Hambacher Schloss aus ihren Lauf. Die Bewegung zur Erhaltung des 0,5-Liter-Schoppenglases war hier erfolgreich. Die Bewegung zur Bestandserhaltung Aller Seltenen Fischarten (BASF) hat hier seit über 100 Jahren ihren Sitz. Leider fehlt so ein bisschen die überregionale Dankbarkeit und Anerkennung dafür. Wahrscheinlich kommen die anderen Deutschen einfach nicht damit zurecht, dass die Pfälzer ständig gegen das gängige Klischee verstoßen: Anstatt, wie es das Stereotyp will, träge, weinschwere Ferzzbeutel zu sein, sind sie bewegt und dynamisch bis zum Anschlag. Carl Benz, der Urvater der motorisierten Bewegung war zwar en Gelfießler, hat aber Pälzer Worzzle ghabt – kein Wunder.

146

Tief im Pfälzer Wald am südwestlichsten Zipfel war dereinst die „Schuhmetropole Deutschlands" in Pirmasens – Bewegung! Gegen Ende des 18. Jahrhunderts wurde dort die Garnison aufgelöst und arbeitslose Soldaten begannen, aus Uniformresten „Schlabbe" zu machen und sich aufs Schuhflicken zu verlegen. So entstand aus einer Garnisons- und Soldatenstadt das wunderbar friedliche Zentrum des Schlabbeflickerlandes. Heut det ma des „Konversion" nenne und groß rumpiense, dass es ohne Soldate und Kaserne doch gar net geht wege de Arbeitsplätz unsoweider. Damals hot ma halt äfach nur e gudi Idee ghabt, die bis heut ihr Bedeutung net verlore hot: Galosche statts Gewehre, Boots statts Bombe un Schlabbe statts Scharmützel. So geht's aa un vor allem friedlischer.

Dynamisch Ruh im Karddon

Heut ist davon zugegebenermaßen nicht mehr viel übrig geblieben bis auf ein paar gute Adressen zum Outlet-Schläppchen-Schnäppchenmachen, das gläserne Deutsche

Schuhmuseum in Hauenstein und das kleine Schuhmuseum in Pirmasens. Und dortselbst auch noch das – wie könnte es anders heißen? – Dynamikum in – wo könnte es anders sein? – einer ehemaligen Schuhfabrik. Hier soll man Physik und die Gesetze der Bewegung anschaulich erfahren. Seit Mai 2011 im Programm ist Chako's Lieblingsgerät: die Stille-Box. Hier kann man beim „Auseinandersetzen mit dem Phänomen Schall" erfahren, dass alles nicht mehr so wichtig und laut ist, wenn man nur den Kopf einfach mal wegsteckt. Das müsste es in mobiler Form geben, zum Auseinanderklappen. Immer, wenn einen was nervt: Stillebox uff, Kopp in de Kaschde – un schunn is Ruh im Karddon. Des muss ma sisch mol vorstelle. Ahhh! So schää still könnt des Lewe soi. Des is wie e Kur: Ämol im Monat ab ins Dynamikum un de Dets in die Kischd. Stille-Box, des liegt voll im Trend. Jeder hat den Drang in sich, diese Erfahrung zu machen – Stille. Jeder will e bissel Stille, heutzutage! Männer, Fraue, Alde, Junge, Vädder, Müdder, ich hab's letschens widder gelese: Immer mehr Müdder wolle stille. Alla hopp, nix wie hie nooch Pirmasens. Dort kann man erfahren, dass man auch vorwärts kommen kann, ohne daraus immer e Gedees oder en Egotrip zu machen.

Entschleunigung in der Kurstadt
Doch soll hier bei aller Mobilitätshudelei nicht verschwiegen werden, dass auch in der Pfalz alle Dynamik ein Ende finden kann, wenn man von der Stadt hinaus zieht ins gelobte Land der Weinstraße und beispielsweise in Bad Dürkheim wohnhaft geworden ist. Denn hier ist die Entschleunigung zu Hause. Nicht nur in der Seele, die baumeln gelassen wird, sondern vor allem im Kopf, der rot anläuft vor machtloser Wut, wenn vor ihm, nur durch die Windschutzscheibe getrennt, Touristen-Wohnmobile in Slow-Motion-Kolonne herschleichen: „Wolln wir doch mal sehen, wie die pfälzischen Eingebore-

nen hier so leben." Oder Mercedes A-Klassen, die mit ihren sich am Lenkrad festkrallenden Insassen im Schritttempo zur Kuranwendung schleichen. Und silberne Golf Plus, die an grünen Ampeln üben, wie das Anfahren im vierten Gang funktioniert. Ja, hier braucht man Zeit, aa wemma kenni hot. Autokennzeichen DÜW = Die üben wieder.

Zur Beruhigung und als meditative Geduldsübung empfiehlt sich ein regelmäßiger Trip nach Germersheim ins einzige Straßenmuseum Deutschlands. Dort wartet Trost: Frühere Generationen kamen nämlich noch langsamer voran. Guck dir den altgermanischen Bohlenweg von 800 vor Christus an und sieh ihn als antike Version eines Opel Astras, der mit 29,5 km/h auf der B 271 vor dir hertuckert. Schon kehrt Ruhe ein im inneren Dynamo.

Ja, selbst Pfälzer, die sich langsamer bewegen, sollte man nicht unterschätzen. Denn ihre Zunge bewegt sich dafür immer noch schneller und heftiger als bei allen anderen Menschen. Wo das Hochdeutsche lange Sätze und der Worte viele braucht, da kommt das Pfälzische direkt und dynamisch-bewegt auf den Punkt. So wird aus dem Hochdeutschen „Sei jetzt bitte einmal ruhig" das schnelle pfälzische „Hal' die Gosch!". Aus „Wie bitte? Was hast du gesagt?" das höflich-charmante Kurzwort „Hä?". Und aus der Aufforderung „Los, komm, nun mach schon!" das unwiderstehliche „Hopp!" Dynamischer geht's net.

erleben   betrachten   genießen

Draisinentour im Pfälzer Bergland

Unterwegs mit purer Pedalkraft

Was macht man mit einer stillgelegten, 40 Kilometer langen Bahnstrecke? Ganz einfach: Man setzt ein paar Draisinen auf die Gleise und hofft auf konditionsstarke und trainierte Ausflügler, welche die Idylle entlang des Glans zwischen Altenglan und Staudernheim genießen möchten. Genau! Also nichts wie hin mit der Familie, ein Care-Paket geschnürt und drauf auf das Gefährt, das sich mit purer Pedalkraft in Bewegung setzt. Die Betonung liegt auf Kraft, denn schon nach den ersten Metern wird deutlich: Es wird eine lange Fahrt. Wir steigen in Staudernheim ein und bald wird klar, dass Steigungen nicht der Freund des Draisinenfahrers sind. Doch die Mühe lohnt sich, denn nicht nur die ausladende Flusslandschaft mit saftig grünen Wiesen, üppigen Weinbergen und tiefem Wald lohnt einen Blick. Entlang der malerischen Route gibt es noch mehr Sehenswertes. Und dafür strampeln wir gerne weiter von Ort zu Ort, so nach Meisenheim mit seinem imposanten mittelalterlichen Stadtbild und der sehenswerten spätgotischen Schlosskirche samt Stummorgel. Zeit für eine erfrischende Pause wird es dann in Lauterecken. Im Biergarten des Brauhauses freuen sich die Beine nach etwa der Hälfte der Strecke auf Erholung. Über Wiesweiler geht es weiter nach St. Julian, wo die Historische Ölmühle – ein kleines Museum, das nach telefonischer Vereinbarung öffnet – einen Stopp lohnt. Vorletzte Station ist Bedesbach mit Schmiedemuseum und Minigolf-Anlage, ehe wir erschöpft aber zufrieden in Altenglan ankommen.

Markus Giffhorn

Draisinentour
im Pfälzer Bergland
Touristinformation Pfälzer Bergland
66869 Kusel
Bahnhofstraße 67
Fon 06381.424270
touristinformation@kv-kus.de
www.draisinentour.de

Südpfalz-Draisinenbahn
67368 Westheim
Hauptstraße 78a
Fon 06344. 9442670
info@suedpfalzdraisine.de
www.suedpfalzdraisine.de

Dynamikum Science Center Pirmasens

erleben

erfahren

entdecken

Radeln und Rutschen im „Museum"

Wie viele Ventilatoren im Sommer wohl tatsächlich laufen würden, wenn der dafür benötigte Strom immer auf diese Weise erzeugt werden müsste? Vor dem Besucher, der das Fahrrad bestiegen hat, steht ein Tischventilator, der erst dann seine Arbeit aufnimmt, wenn flott gestrampelt wird. Also, los geht's! Im Dynamikum in Pirmasens kommen nicht nur die über 160 Exponate, sondern auch Besucher ganz schön in Schwung. Da will die Tochter mit dem Krokodil, dem Dackel und der Schildkröte um die Wette rennen. Da gibt es Kugeln, Kreisel und Zahnräder, die den Anstoß dazu geben, dass auch die Großeltern spielerisch tätig werden. Seit der Eröffnung im Jahr 2008 ist das Mitmach-Museum in der westpfälzischen Stadt eine beliebte Anlaufstelle für Schulklassen und Kindergärten, aber auch für Privatbesucher. Zwei Etagen der ehemaligen Schuhfabrik Rheinberger wurden mit großem Aufwand zum Dynamikum umgewidmet, das sind rund 4.000 Quadratmeter. Das Leitthema lautet Bewegung – unterteilt in „Etwas bewegen" und „Sich bewegen". Wissenschaftliches Wissen soll so „begreifbar" werden. Sogar das Tanzbein dürfen Besucher schwingen und zudem zwei große Edelstahlrutschen hinuntersausen. Das Angebot teilt sich in acht Bereiche: Antritt, bewegte Masse, Dreh, Bewegungsmaschinen, Schnelligkeit in der Natur, Menschenkräfte, „Denken in Bewegung" und Tanz. Da es viel zu entdecken gibt, kommen Gäste auch im Hochsommer – machen dann aber um das Strom produzierende Fahrrad gern mal einen Bogen. Besagter Ventilator steht nämlich in einer geschlossenen Vitrine...

Martina Sema-Weiß

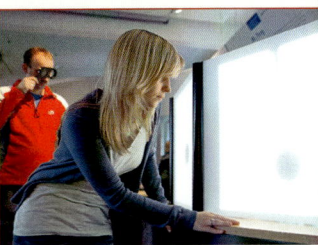

Dynamikum
Science Center Pirmasens e.V.
Im Rheinberger
66954 Pirmasens
Fröhnstraße 8
Fon 06331.239430
info@dynamikum.de
www.dynamikum.de
Öffnungszeiten:
Mo - Fr 9 - 18 Uhr
Sa, So, Feiertage 10 - 18 Uhr

Extras

Das Dynamikum bleibt am Heiligen Abend, 1. Weihnachtsfeiertag, Silvester und Neujahr geschlossen.
Kindergeburtstagsfeiern sind möglich.

erleben

betrachten

Jeep-Touren bei Eisenberg

Geländetauglich

Die Nerven sind bis zum Zerreißen gespannt. Schweiß rinnt den Nacken hinab und über die Augenbrauen. Eine Fliege kitzelt an der Nase, doch ich wage nicht, die Hände auch nur eine Sekunde vom Lenkrad zu nehmen. Außer meinen Füßen auf den Pedalen bewege ich mich nicht. Jetzt bloß keinen Fehler machen, sonst finden die beiden im ausgetrockneten Flussbett noch verbleibenden Räder auch keinen Halt mehr. Und mitten im Outback umzukippen, wäre mehr als uncool. Hier sind keine Off-Road-Freunde, die Tipps geben und helfen, keine Zuschauer, die mitanpacken können. Niemand, der abschätzt, welche Strecken abseits der Straße, welche Mulden, Wasserdurchfahrten und Steilauffahrten für das jeweilige Können zu gefährlich sind. Also: Augen auf und durch und dem vertrauen, der von außen den besseren Überblick hat. In Eisenberg sind das die Kurpälzer, wie sich die Vereinsmitglieder nennen. Sie trainieren regelmäßig auf ihrem Gelände im Sand, Schlamm und Schotter und organisieren Deutsche und Süddeutsche Geländemeisterschaften. Mehrmals im Jahr kann, wer will, sein eigenes 4x4-Fahrzeug austesten. Oder auch nur zuschauen, wie sich die Geländewagen den Berg hochwälzen. Zugegeben: In der „großen freien" Natur ist die Landschaft wilder, der Nervenkitzel sicherlich höher. Doch bis zum nächsten Krokodilfluss fährt man verdammt lang. Und anspruchsvoll ist die Sandgrube am Donnersberg allemal.

Ute Günther

Off-Road Freunde Kurpfalz e.V.
Vorsitzender Uli Lehmann
info@kurpaelzer.de
www.kurpaelzer.de

Extras:
Geländewagen-Meisterschaften, Training und mehrmals im Jahr Freies Training auf dem Vereinsgelände in Eisenberg. Die Sandgrube Klausing liegt an der A 6 zwischen Ludwigshafen und Kaiserslautern. Infos zu Terminen und Fahrordnung im Internet.

Kutschenkabinett Landau

Für eine Kutsche mit auf-
klappbarem Verdeck stand
die Stadt Landau seinerzeit
Pate. 1702 hatte der österrei-
chische König und spätere
Kaiser Josef I. in einem solchen Landauer die Reise von
Wien nach Landau angetre-
ten, um die belagerte Stadt
von den Franzosen zu be-
freien. Einen Nachbau dieses
Originals und vieles mehr
gibt es im Kutschenkabinett
zu sehen.

76829 Landau
Ecke Maximilian-/Poststraße
(Nähe Hauptbahnhof)
Tourist-Info Landau,
Fon 06341.13181
bftlandau@aol.com
www.museen.rlp.de oder
www.landau-tourismus.de

Öffnungszeiten:
Do 15 - 18 Uhr
und nach Vereinbarung.

Motorradmuseum Otterbach

Deutsche, italienische, eng-
lische und japanische Fabri-
kate – hier warten 80 Jahre
Motorradgeschichte. In der
ehemaligen evangelischen
Kirche hat Motorradrenn-
sport-Legende Heinz Luth-
ringshauser 1980 ein Mu-
seum gegründet, das eine
Sammlung in nahezu perfek-
tem Zustand besitzt – und
nicht nur echte Biker fasziniert. Seit seinem Tode führt
ein Förderkreis die Ge-
schicke des Museums.

67731 Otterbach
Otterstraße 18
Fon 06301.2367
klaus-vogel@t-online.de
www.motorradmuseum-
heinz-luthringshauser.com

Öffnungszeiten:
April - Okt
So, Feiertage 10 - 12.30 Uhr
und 13.30 - 17 Uhr
sowie nach Vereinbarung.

Motorrad- und Technik- museum Leiningerland

Den ersten Anlauf zur Mu-
seumsgründung vereitelten
gefährdete Fledermäuse, die
sich im geplanten Domizil
in der Burg Altleiningen
schon früher niedergelassen
hatten. Seit dem Jahr 2001
haben 72 Motorräder und
ungezählte technische Exponate vom Schraubenschlüs-
sel bis zur funktionierenden
Transmission, von der Ölkan-
ne bis zum Stationärmotor
(und noch mehr) nun ihren
Platz in der ehemaligen Mili-
tärstation der US-Streitkräfte
gefunden.

67280 Quirnheim
Kleine Wust 11
Fon 06356.8446
(1. Vorsitzender)
hans.benkula@web.de
www.motorrad-technik-
museum.de

Öffnungszeiten:
Sa 13.30 - 16.30 Uhr,
So und Feiertage 11 - 17 Uhr,
Nov - Feb samstags
geschlossen,
1. und 2. Weihnachtsfeiertag
13.30 - 16.30 Uhr.

Pfälzisches Turmuhrenmuseum Rockenhausen

Zeit haben für die Zeit – das ist das Anliegen der Initiatoren im Turmuhrenmuseum, das in einem restaurierten Bauerngehöft mitten in der Altstadt von Rockenhausen liegt. Über drei Meter misst das größte Exemplar, dazu gibt es Stand-, Wand-, Sand-, Wasser- und Sonnenuhren. Eine gute Gelegenheit, um mit Kindern auf Momos Spuren zu wandeln.

67806 Rockenhausen
Am Schloß 10
Fon 06361.3430 oder
Tourist-Info 06361.451252
kontakt@museum-fuer-zeit.de
www.museum-fuer-zeit.de

Öffnungszeiten:
Di - So 14.30 - 17.30 Uhr;
Winterpause zwischen
den Jahren;
Ostern, Pfingsten und
Weihnachten geschlossen.

Schneckenfarm Pfalzschnecke Asselheim

Auf einem überschaubaren Gelände kriechen die Schnecken an Regentagen hervor, sonst bleiben sie lieber unter Schatten spendenden Blättern und Kisten. Die Führungen sind informativ und nicht erst unterhaltsam, wenn erzählt wird, dass Schnecken in der Waschmaschine gesäubert werden. Für den heimischen Kochtopf lassen sich die Tiere in hübschen Gläsern eingeweckt kaufen.

Schneckenfarm
Pfalzschnecke
(beim Pfalzhotel Asselheim)
67269 Grünstadt-Asselheim
Holzweg 6-8
Fon 06359.800384
info@pfalzschnecke.de
www.pfalzschnecke.de

Öffnungszeiten:
Mai - Okt
So 14.30 Uhr Führung und
nach Vereinbarung.

1. Rundfunkmuseum Rheinland-Pfalz Münchweiler/Alsenz e.V.

Nicht nur historische Rundfunkgeräte ansehen, sondern sich mal von ihrem authentischen „Sound" verzaubern lassen: Das 1. Rundfunkmuseum Rheinland-Pfalz in Münchweiler/Alsenz, gegründet 2003 von Radiofreunden, Technikbegeisterten und engagierten Sammlern, macht (Rundfunk)Geschichte „begreifbar", um sie lebendig zu erhalten.

67728 Münchweiler/Alsenz
Mühlstraße 18
Fon 06302.5100
www.rundfunkmuseum-rlp.de

Öffnungszeiten:
1. Mai bis 30. Okt
an Sonn- und Feiertagen
von 14 bis 17 Uhr;
Ganzjährig
nach Vereinbarung.

Deutsches Straßenmuseum Germersheim

Das Deutsche Straßenmuseum im ehemaligen Zeughaus der Stadt Germersheim ist bundesweit das einzige, das sich in umfassender Weise mit dem Thema Straße beschäftigt. Das Museum zeigt anschaulich Zusammenhang und Dimension der Kulturgeschichte, die sich im Laufe der Jahrhunderte mit, durch und neben der Straße ereignet hat.

Im Zeughaus
76726 Germersheim
Fon 07274.500500
info@deutsches-strassen-museum.de
www.strassenmuseum.de

Öffnungszeiten:
Di - Fr 10 - 18 Uhr
Sa - So 11 - 18 Uhr;
Für Gruppen werden nach Voranmeldung täglich Führungen (auch in Fremdsprachen) durchgeführt.

Deutsches Schuhmuseum Hauenstein

Eine außergewöhnliche Präsentation von Schuhkultur in der ehemaligen Schuhfabrik der Gebrüder Schwarzmüller. Verbunden mit Sozial-, Wirtschafts- und Zeitgeschichte ergibt sich eine ganzheitliche Sichtweise auf das Kulturgut Schuhe in technischen und historischen Zusammenhängen. Seit Juni 2011 beherbergt das Deutsche Schuhmuseum auch das Pfälzische Sportmuseum.

Museum für Schuhproduktion und Industriegeschichte
76846 Hauenstein
Turnstraße 5
Fon 06392.923334-0
info@museum-hauenstein.de
www.museum-hauenstein.de

Öffnungszeiten:
Täglich von 10 - 17 Uhr
(auch So, Feiertage);
Dez - Feb
Sonderöffnungszeiten.

Kultur geht durch den Magen

Wenn man sieht, wieviel Zeit und Aufwand Pfälzer betreiben, um Weinfeste, Weinmessen, Weinkerwen und Weinwanderungen zu organisieren, dann könnte man meinen, die Leit do denke nur ans Saufe. Aber das ist natürlich wieder mal ein Vorurteil. Der pfälzische Eingeborene ist bei weitem nicht so eindimensional wie manche außergewärtigen Kulturpessimisten missmuten. Der edle Pälzer hat eine große Bandbreite, eine ganze Palette kultureller Vorlieben. Also mindestens eine noch außer dem Trinken: 's Esse.

Und was hat diese Region der Welt nicht alles für außergewöhnliche lukullische Genüsse geschenkt! Für uns, die wir hier leben und essen dürfen, ist das ja selbstverständlich. Aber man muss die ganzen einheimischen Spezialitäten mal ins Hochdeutsche übersetzen, damit man merkt, was wir da Wunderbares in den Mund nehmen: gefülltes Verdauungs-

organ vom Schwein, schwartender Magen, blutende Würste, gedampfte Nudeln, haarige Knöpfe... Ah wemma des hört, do laaft em doch des Wasser in de Bää zamme, odder?!

Gut, ich geb's zu, de Chako is Vegetarier und als solcher eigentlich gar nicht so richtig geeignet, über die sogenannte typische Pfälzer Küche zu schreiben. Die Eingeborenen hier sind für einiges bekannt, nicht aber für ihr fettarmes fleischloses Essen. Es muss ab un zu schunn e bissel glänze un droppse. Deswegen wurde übrigens auch das Dubbeglas erfunden. Damit ma net abrutscht, wemma nebenher die Worschd mit de Finger gesse hot. Und damit der Schoppen dann im Eifer des Geschlechts net aus der Hand fällt – genau aus diesem Grund wurden die Dubben dort eingebaut. Die Vertiefungen im Glas funktionieren praktisch wie Haltegriffe. Da bleibt das Glas mitsamt seinem Inhalt sicher in der Hand, egal, wie feddisch die Griffel des Besitzers und/oder sein Schwankungszustand auch sein mögen. Was für ein Segen, dass man auch als Vegetarier dieses wunderbare Trinkgefäß benutzen darf.

Als Vegetarier unner Eingeborene
Überhaupt ist das vegetarische Leben in der Pfalz gar nicht so schwer, wie mancher gemeine Fleischesser denken mag. Heutzutage! Zugegebenermaßen gab es auch andere Zeiten. Wenn du dich früher in einer Wirtschaft mit gutbürgerlicher Küche als Vegetarier geoutet hast, dann hat dich der Wirt unweigerlich mit einer Mischung aus Mitleid und Sorge um deinen Geisteszustand angeguckt. Und dann entspunn sich ein gar lustig-garstiger Dialog:

Gast: Tschuldischung, hädde Sie aa was fer Vegetarier do?
Wirt: Ha selbverständlich. Ke Probläm. Salat zum Beispiel...
Gast: Ah ja.
Wirt: Un...also Salat un noch...Erbse...un Gelriewe halt...
    un Bohne...
Gast: Ah ja.
Wirt: Un Grumbeere.
Gast: Ah.
Wirt: Also Gebreedelte...
Gast: Ah.
Wirt: Un Gequellte...
Gast: Ah ja.
Wirt: Ja genau, des kemma alles schää zamme mache als...
    wie heeßt's glei?!
Gast: Beilage?
Wirt: Nää, Gemüsedeller. Genau, en Gemüsedeller, schää mit
    bissel Jägersoß owwedrüwwer, hä?!
Gast: Nää, isch det dann doch liewer de Salat nemme.
Wirt: Alla hopp, de Salat.
Gast: Ja, danke.
Wirt: Mit Speck bissel owwedrüwwer?
Gast: Nää! Ken Speck bitte.
Wirt: Ou...

Gast: Wie: ou?
Wirt: Ah e bissel Speck is do schunn debei.
Gast: Nää, nää, äfach nur Essisch un Eel fer misch bitte!
Wirt: Un de Speck?
Gast: Ha äfach weglosse!
Wirt: Ah des geht halt net. Der Salat is jo schunn ogemacht.
Gast: Was?
Wirt: Seit'm Mondaach. Do mache mir immer Salat o fer die
     gonz Woch.
Gast: Was?!?
Wirt: Dass'es aa schää durchzieht, gell?!
Gast: Ah wonn des so is, donn nemm isch...
Wirt: Doch de Gemüsedeller?!
Gast: Nää, donkschää. Isch merk grad, isch hab gar nimmi
     soviel Hunger. Isch det äfach so e Päckel vun denne
     Chips nemme, wo do vorne uff de Thek stehe.
Wirt: Chips. Alla hopp. Un was fer'n Gschmack? Schinke oder
     Barbecue?

Das war mal. Die Zeiten haben sich glücklicherweise drastisch
geändert. Heute gibt es sogar Saumägen, die vegetarisch sind.
Die Füllung ist bei kreativen Köchen oft genug fleischlos. „Ah
donn losse Se äfach de Mage weg un esse des, wo drinsteckt,
hahaha..."
    Und auch sonst hat die pfälzische Küche von Haus aus
schon sehr schöne vegetarische Spezialitäten zu bieten. Egal
wo'de hie kummschd, des konn die hinnerschd Hinnerbeiz
odder die entlegenschde Pälzerwaldvereinshütt soi – en
Handkäs mit Mussik is immer drin. Wenn'de Pech hoschd,
schmeckt er wie e Stück Gummi vun de Altreifedeponie, wenn'
de Glück hoschd, schmilzt er dir so musikalisch uff de Zung
wie en e Bossa-Nova-Version von „Mir sin die Trämps vun
de Palz". Oder: weiße Käs. Was gibt's schääneres?! Erst recht,

wenn sich da wirklich jemand Müh macht und das richtige Mischungsverhältnis hinbringt und das Ganze auch noch mit klääne Häffelscher voll Gewürzelscher serviert. Oder: Dampfnudeln. Nicht vom Filialenbäcker-Fließband, sondern selbstgemacht. Also, selwer mit „t": selwert! Mit Woi- oder Fanillsoß. Ach Gott, nää! Schon allein die schwarze salzige Kruste un des feist-weiche Oberteil, sowas können nur alde Veteraninne der Eingeborenen-Küche, wo schon so manchen Elwetritsch gejagt und schon Heerschare von Saarländer in die Flucht geschlagen haben. Da fällt auch der sonst als vegetarischer Kostverächter verschriene Palz-Genießer auf die Knie und bettelt „Mehr, gib mer mehr! Isch will Nudle in die Soß noistampfe, will Nudle mampfe, bis die Gaumelappe dampfe."

Lewwerworscht zwischen „hiwwe" un „driwwe"

Leider reizen nicht alle regionale Spezialitäten zu solch friedlichem Genuss. Bei de Lewwerworschd hört de Spaß nämlisch uff. Da gab's vor einiger Zeit ein paar linksrheinische Pälzer Lokalpatri(di)oten, die ihre rechtsrheinischen Kollegen aus der Kurpfalz verklagt haben, weil die es wagten, auch „Pfälzer Leberwurst" anzubieten. Daraus entwickelte sich der überaus lustig-peinliche Leberwurst-Streit zwischen „hiwwe" und „driwwe". Und nix mehr war zu hören von regionaler Identität und altem Kur/Pälzer Geschichtsbewusstsein. Schließlich haben sich unsere Vorfahren dereinst nicht freiwillig in zwei verschiedene Länder trennen lassen, die sind 1815 beim Wiener Kongress einfach auseinandergenommen worden. Schon damals hat man nämlich erkannt, dass die Pfälzer zusammen viel zu stark und heftig sein würden. Wenn man sie aber trennt, kann man immer wieder einen Keil in die kur/pfälzer Identität treiben, um sie schwach und labbeduddlisch zu machen.

Und heut soll's dann eine „Metropolregion Rhein-Neckar" geben? Höhö! Metropolregion, des is die Region, wo die Pole in die Metro gehen. Awwer nix fer pälzische Metzger. Tausende Eingeborene fahre hier jeden Tag über die Brück und babbeln mehr oder weniger die selb Sprooch und zelebrieren ihre Mentalität als lewensluschdische Exote zwischen Rebe und Schlote, Wald und Wein und Neckar und Rhein – awwer bei de Lewwerworschd is Schluss mit lustig! Nach einigem Hin und Her endete das Ganze dann zwar im Guten mit dem Ergebnis, dass mir alle Pälzer sin irgendwie – die ände sowieso un die annere wennigschens in Kur. Aber für die Außenwelt, so sie denn überhaupt Notiz davon nahm, musste es wieder mal der Beleg dafür sein, dass die Menschen ihre Region hier gerne mit der Provence vergleichen, in Wirklichkeit aber nur „Provinz" meinen.

Grumbeer-Vielosofie

Wie man hingegen regionale Spezialitäten ohne zänkisches Gedees, dafür aber einfach und charmant der Welt präsentieren kann, beweist die Webseite www.pfaelzer-grumbeere.de. In mehreren kleinen Koch-Filmen zeigt Johannes Zehfuß aus Böhl-Iggelheim live und pälzisch-dialektisch direkt, wie gut Kartoffeln sein könncn, wenn sie das Glück hatten, als adelige Pälzer Grumbeere aus gesegnetem Bodde gezogen zu werden, und was man dann mit ihnen zubereitungsmäßig anstellen kann. Das ist so brillant ungekünstelt, im besten Sinne des Wortes bodenständig und auch von der Sprachverwendung her so authentisch, dass es nicht nur Showkochen, sondern eigentlich eine kulturelle Botschaft ist: Pälzer sin immer dann am beschde, wenn sie sich net verstellen und verbiegen (lassen): „Geschdern hemma Gequellte ghatt un was do üwwerisch gebliwwe is, do mache ma Gebredelte devu." Ferddisch, logisch, herrlich!

Haute Cuisine de la Palz

Gleichzeitig hat aber auch die gehobene Gourmetküche bei uns Einzug gehalten, die Haute Cuisine de la Palz. In unserem kleinen, feinen Feinschmeckerland gibt es immerhin acht Sterne-Restaurants. Ich glaub sogar, dass das Michelin-Männel, wo die Sterne vergibt, ursprünglich auch aus de Palz kummt. So wie des aussieht, so rund und wohlgenährt, des hat sich vor seiner Karriere als Restaurant-Tester sei Lebdaag nur von „Pälzer Deller" vernährt. Und neben den Sternen gibt es inzwischen auch eine ganze Reihe gehobener Restaurants, die wunderbar kreativ kochen und wieder beweisen, dass bei uns alles möglich ist von Weck un Worschd bis „Souflée grande gourmande de la Grumbeer". Und in Chakos Lieblingsrestaurants in Freinsheim und Deidesheim gibt es sogar regelmäßig ein vegetarisches Menü auf der Karte. Wer hätte das damals gedenkt, wo de Kohl seine außergeländischen SchwEhrengäste so lang mit Saumage vollgstopft hat, bis die Mauer umgfalle is. Ja, gefüllten pfälzischen Verdauungsorganen ist es zu verdanken, dass es zur Deutschen Wiedervereinigung kam. Gedankt hot uns des ke Sau – mit oder ohne Mage. Aber Hauptsach, mir wisses selwert!

Markt der Genüsse

betrachten

genießen

entdecken

Was dem Gaumen Freude macht

Schlendern, schauen, schlemmen, schlotzen − das alles vereint der Markt der Genüsse im historischen Ambiente des Herrenhofs im Neustadter Ortsteil Mußbach, einem alten Johannitergut, dessen Gründungsurkunden bis ins 7. Jahrhundert zurückreichen. Was dort geboten wird, ist allerdings zeitgemäß: Gaumenfreuden für jeden Geschmack. Mehr als 50 Aussteller sind es, die Jahr für Jahr an Pfingsten ihre kulinarischen Spezialitäten offerieren − auch in flüssiger Form. Satt sehen, mit der Nase anregende Düfte einatmen und schließlich auch kosten, von den Kräutern und Gewürzen, Weinen und Likören oder den vielen anderen Häppchen. Ich hole mir Appetit, der kaum zu stillen ist. Und doch geschieht das ganz schnell, weil ich überall probiere und nippe, die Aromen entdecken will, die sich wie ein wohliger Schleier über die Geschmackknospen legen. Hungrig geht dort niemand weg. Zumal auch ausgesuchte Gastronomen feine Handwerkskunst aus ihrem Repertoire darbieten. Und so vergehen die Stunden zwischen Amuse und Aperitif, Rosmarin und Riesling, Wildschweinsalami und Whisky. Beim Verlassen des Marktes, der als ältester seiner Art im süddeutschen Raum gilt, fühle ich mich wie stets nach geschmackvollem Finale: angenehm gesättigt und hoch erfreut über das, was dem Gaumen Freude machen kann. Klar, nächstes Jahr an Pfingsten bin ich wieder hier! Schließlich hab ich längst nicht alle kulinarischen Kostbarkeiten probieren können. Vielleicht lasse ich mich auch (ver)führen − beim nächsten Degustationsrundgang...

Markus Giffhorn

Markt der Genüsse
Herrenhof
Neustadt-Mußbach
Fon 06326.967788
www.markt-der-genuesse.de

Der Markt der Genüsse findet immer an Pfingsten statt.

genießen

erfahren

Olivenölfest im Zellertal

Mehr als Olivenöl: „Oliandi" in Zell

Dass in der Pfalz Wein nicht einfach nur getrunken, sondern auch ausgiebig auf Messen und in Wettbewerben probiert wird, ist hinreichend bekannt. Aber mal ehrlich: Dass man sich in der Pfalz auch höchst professionell durchs Aromenspektrum des Olivenöls riechen und schmecken kann, wahrscheinlich weniger. Dabei zählt das Olivenölfest „Oliandi" in Zell im Zellertal zu den größten Olivenölverkostungen Deutschlands. Damit Sie dort nicht als blutiger Amateur entlarvt werden, beachten Sie einfach folgende Tipps: Das Öl – gern auch grünes Gold genannt – wird in kleinen Bechern ausgeschenkt. Die drehen Sie leicht in der Hand, um das Öl etwas zu erwärmen. Dann prüfen Sie, wie beim Wein, das Bukett des Öls: Wie intensiv sind die Aromen? Erinnern sie mehr an Früchte wie reife Banane, an Kräuter wie Oregano oder an frisch geschnittenes Gras? Nehmen Sie dann beherzt einen Schluck in den Mund, spülen den ganzen Gaumen aus, jetzt lassen sich Süße, Säure und Bitternoten erkennen. Schlammig, weinig, gar ranzig oder muffig darf Olivenöl keinesfalls schmecken. Keine Sorge: Das wird bei den hier angebotenen Ölen aus Italien, Spanien, Griechenland und Portugal nicht vorkommen. Schon seit 2001 versorgt das Olivenölfest mit diesen Gaumenfreuden. Doch nicht alles dabei ist ölig. Guten Wein, gute Küche und ein herrliches Ambiente gibt's im kleinen, dann überlaufenen Zell zudem. Und weil Genuss auch Kultur ist, lockt zudem eine jährlich wechselnde Kunstausstellung.

Christian Roskowetz

Olivenölfest „Oliandi"
67308 Zell im Zellertal
Fon 06359.924670
www.zait.de und
www.weingut-wick.de

Extras:
Das Olivenölfest findet immer am ersten Wochenende im Mai statt. Die ausgeschilderten Parkplätze etwas außerhalb anfahren und einen kleinen Spaziergang machen oder den Shuttlebus nutzen.

Spargelwanderung in Erpolzheim

erleben

genießen

erfahren

Rund ums königliche Gemüse

Wenn er im April sein weißes Köpfchen aus sandigen Hügeln gen Himmel streckt, freuen sich die Genießer. Denn dann beginnt die Spargelsaison. Überall in der Gastronomie werden leckere Gerichte rund um das Edelgemüse offeriert. Bis zum Johannistag am 24. Juni. Auch ich esse ihn sehr gerne in Restaurants und Weinstuben, bereite ihn mir auch selbst mit hausgemachter Hollandaise zu. Am liebsten aber genieße ich ihn bei einer kulinarischen Veranstaltung, die einen festen Platz in meinem Terminkalender hat. Mitte Mai ist für mich stets an einem Wochenende Erpolzheim das Ziel, wenn die kulinarische Wanderung um Obst, Spargel und Wein Besucher auf einen etwa 6,5 Kilometer langen Rundweg zwischen blühenden Obsthainen und üppigen Weinbergen lockt. Und es sind viele, die Spargel in Hülle und Fülle probieren wollen, der hier an zahlreichen Stationen offeriert wird – mit Krabben als geschmackvolles Törtchen, als Ragout im Blätterteigpastetchen, pikant als Wrap „gewickelt", mit Salsa Verde oder auch als leckere Röllchen mit Käse und Schinken vom Grill. Dazu die ausgesuchten Weine der Region und es ist perfekt, das harmonische Genusserlebnis für alle Sinne. Sonne für die Seele, Riesling für den Gaumen, idyllische Landschaft für die Augen – und natürlich das Gemüse mit Köpfchen variantenreich zubereitet... Besucher aus nah und fern wissen das Angebot zu schätzen und bleiben über Stunden. Ich natürlich auch – und habe den Termin fürs nächste Jahr schon wieder notiert...

Markus Giffhorn

Mitte Mai – Kulinarische Wanderung um Obst, Spargel und Wein in Erpolzheim.

i-Punkt Kallstadt
67169 Kallstadt
Weinstraße 111
Fon 06322.667838

i-Punkt Freinsheim
67251 Freinsheim
Hauptstraße 2
Fon 06353.989294
touristik@vg-freinsheim.de
www.freinsheim.de

Extras
Termin und weitere Kulinarische Wanderungen in der Urlaubsregion Freinsheim:
www.freinsheim.de

Dampfnudeltor
Freckenfeld

Das 1716 erbaute Dampfnudeltor mit 1286 Dampfnudeln erinnert an ein „genussvolles" Ereignis aus dem Dreißigjährigen Krieg, als 1286 Dampfnudeln das Dorf vor einem schwedischen Reiterschwadron retteten, weil die Soldaten von den Dampfnudeln satt wurden und das Dorf verschonten.

76872 Freckenfeld
Hauptstraße 65
Fon 07275.9600
info@vg-kandel.de
www.freckenfeld.de

Öffnungszeiten:
Jederzeit zu besichtigen.

Museumsbäckerei
Imsweiler

Frisches Brot aus dem Original-Steinofen der seit dem 14. Jahrhundert bestehenden Mühle gibt es regelmäßig am Samstag, und das Beste ist, dass Besucher dabei helfen können. In der Mühlstube ist Gelegenheit zur Vesper und so ganz nebenbei erfährt man allerlei Wissenswertes rund um die Brotherstellung.

67808 Imsweiler
Mühlweg 1
Fon 06361.69702
www.museen.rlp.de

Öffnungszeiten:
Sa 11 - 17 Uhr
und nach Vereinbarung.

Deutsches
Kartoffelmuseum
Fußgönheim

Eine Kartoffel mit Knochen sieht man vielleicht nur in Fußgönheim: Auf rund 100 Quadratmetern Ausstellungsfläche in einer ehemaligen Synagoge erfahren Besucher wirklich fast alles über die Geschichte der „Knolle". Und im angeschlossenen Landmaschinenmuseum auch, wie der Acker damals und heute bestellt wird.

Heimatmuseum
Fußgönheim
67136 Fußgönheim
Hauptstraße 65
Fon 06237.929266
info@deutscheskartoffelmuseum.de
www.deutscheskartoffelmuseum.de

Öffnungszeiten:
Jeden 2. Sonntag im Monat
14 - 18 Uhr.

**Saline (Gradierbau)
Bad Dürkheim**

Es gab Zeiten, da war das
Salz in der Suppe so begehrt
wie Gold. Heutzutage ist die
Luft rund um den 330 Meter
langen und mit 250.000
Reisigbündeln gefüllten Gradierbau das wertvolle, besonders für Menschen mit
erkrankten Atemwegen. Ein
Rundgang in frischer Mee-
resbrise auf dem erhöhten
Holzgeschoss ist daher immer zu empfehlen. Und den
Rundblick über die Stadt, die
Weinberge und den Pfälzerwald gibt's dazu.

67098 Bad Dürkheim
Gutleutstraße
Fon 06322.935140
info@bad-duerkheim.de
www.bad-duerkheim.de

Öffnungszeiten:
1. April - 31. Okt 10 - 20 Uhr
1. Nov - 31. März 10 - 17 Uhr

**Terra Sigillata Museum
Rheinzabern**

Dies ursprünglich aus Italien
kommende Tafelgeschirr
leitet sich ab von „terra"
(Erde, Tonware) mit „sigilla"
(Bildchen) ab. Mit diesen im
Volksmund auch „Römer-
scherwe" genannten verzier-
ten Fundstücken lässt sich
trefflich in das Leben eines
römischen Industriestand-
ortes vor fast 2000 Jahren
blicken.

76764 Rheinzabern
Hauptstraße 33
Fon 07272.955893
info@terra-sigillata-
museum.de
www.terra-sigillata-
museum.de

Öffnungszeiten:
Mi - So 11 - 17 Uhr,
Gruppen auf Anfrage;
Weihnachten und Karfreitag
geschlossen.

Grenz- und Frontgebiet der Pfalz, erholsam abgelegen und fernab der Touri-Massen an der Weinstraße, einmal im Jahr Schauplatz des Oliandi-Olivenöl-Festes, einem der schönsten (Wein)Feste der Pfalz. Comedyantische Recherche-Möglichkeiten: begrenzt. Man muss die Eingeborenen ja net immer glei nach der Lage „Schwarzer Herrgott" oder nach den rhein-hessischen Nachbarn fragen.
Ausblick: volle Breitseite Donnersberg.

Lieblingsplatz:
Der Höhenweg im Zeller-tal, dem „i-Punkt der Deutschen Weinstraße" in der nördlichen Pfalz.

Elwetritsche

Species Utopica Bestialis Palatinensis

Gibt man das Wort „Elwetritsch" in die Google-Suchmaschine ein, kommt man auf über 40.000 Ergebnisse. Und trotzdem müssen die pfälzischen Eingeborenen ihr Lieblingswesen immer wieder gegen ketzerische Besserwisser verteidigen, die seine Existenz einfach leugnen. So außergewärttische Schwellkepp denke dann wohl, die Einwohner dieses gesegneten Landstriches hätten nichts Besseres zu tun, als irgendwelche Fantasie-Geschichtelscher von Fabelwesen zu erfinden. Ha! Die Pälzer sin also dappisch odder was?! Wenn das net wieder mal so eine hinterhältige saarländisch-badensische Verschwörung ist, um uns unsere Einzigartigkeit streitig zu machen. Nix, nix! Mir haben genug Stolz und Selbstbewusstlosigkeit, dass mir wisse, was mir wisse. Mir lasse uns unser eigenes Tier, wo nur hier bei uns lebt, weil's nur hier bei uns so einzigartig und schön is, und weil's nur hier bei uns die-

se Zuneigung und Aufmerksamkeit bekommt, die es braucht, nicht von irgendwelchen Neidern wegrationalisieren. Überhaupt: Wie kann man denn die Existenz von einem Wesen anzweifeln, wenn man sieht, wie sich ein ganzer Volksstamm die Mühe macht, das mythologische Universum dieser Species Utopica Bestialis Palatinensis zu ver- und erklären, zu be- und erleuchten, zu besingen und befeiern?!

Dieses Wesen, das aus einer Kreuzung von Federvieh und Elfe entstanden ist, bringt die Fantasie der Eingeborenen fast genau so zum Sprudeln wie ein frisch eingeschenkter Schorle im Dubbeglas. Und das Tolle ist: Weil hier keiner von außen die Regeln aufstellt, so wie das in unserer pfälzischen Ge-chichte öfters schon gelaufen ist, sondern mir selwert, kann jeder Eingeborene an der zoologischen Forschung dieses Tieres mitschreiben. Das Elwetritsch ist damit eindeutig das demokratischste Tier der internationalen Fauna. Elwetritsche gehören uns allen! Da gibt jeder seinen Senf dazu, genau wie bei Saumagenrezepten, individuellen Schoppenglas-Haltegriffen oder der spezifischen Lippenwulst-Stellung bei der Aussprache des kürzesten pfälzer Wortes „o". Alles ganz individuell, gell?! Der-die-das Elwetritsch lebt! Jawoll.

Beweise

Und wenn wir jetzt mal annehmen würden, nur mal für einen ganz kurzen ketzerisch-unpfälzischen Moment annehmen würden, dass es die Elwetritsche nicht gibt, würde dann, also det sunschd en Zoo (in Landau) e ganzes Gehege aufbauen, wenn Elwetritsche nur ein Fantasie-Gespinst wäre?! – Alla.

Dete sunschd Elwetritsche-Jagde, mit zünftigem Jagdessen & Begleitmusik, angeboten werden, an der immer wieder genügend Außergewärttische Freudentränen vergießen, wenn sie ihren „Jagdschein" ausgehändigt bekommen?! – Alla.

Det es in der ganzen Palz verstreut so viele Lehrpfade und Wege, Vereine, Forschungsgruppen und lokale Freundeskreise geben, die sich mit diesem Tier beschäftigen und ganze Vortragsreihen organisieren, die so fundierte Titel haben wie „Die Pfälzer Elwetritsche – eine Annäherung: Mythos & Wirklichkeit – Aktion & Reflexion – Kunst & Kommerz"?! – Alla.

Det es sunschd Elwetritsche-Brunnen geben in Dahn und Neustadt, wo sich die Viecher in all ihrer Pracht und blanken Brüsten tummeln, für alle Ketzeraugen und Zweifler zu sehen?! – Alla.

Deten sunschd seriöse und ernsthaftische Cartoon-Zeichner ganze Bücher rausgeben wo'se sogar de Che Guevara mit de Elwetritsche in Verbindung bringe!? – Alla.

Des gibt's alles nur, weil des e Fabelwesen is, was sisch e paar Pälzer ausgspunne hawwe, weil ihne nooch'm achte Schoppe die Duppe aussem Glas gfalle sin, odder was?!? Nix, nix! Mir Pälzer sin doch net dabbisch. Soviel Müh gibt man sich nur deswegen, weil es Elwetritsche wirklich geben tut. Jawohl. So wie de Weihnachtsmann un de Oschderhas aa. Da heißt's auch immer wieder, das wär alles nur erfunden. Und doch gibt's jedes Jahr Millione Schokladehase un Nester mit bemalte Eier, un Weihnachtsbäum wern uffgstellt un Strickleitern an de Schornstein ghängt. Merkschwas?!

Bekehrung der Ungläubigen

Und wer mit eigenen Augen noch keinen Elwetritsch gesehen hat, ist selbst Schuld. Die Tiere zeigen sich nur den Menschen, die nicht den geringsten, also absolut gar keinen Zweifel daran haben, dass sie existieren. Also, ich hab schunn oft welsche gsehe! Und deswegen bekenne ich auch hier und heute, dass de Chako, sonst kein Freund der Vereinsmeier, hochoffiziell Mitglied ist im ältesten Elwetritsche-Verein der Pfalz. Schon seit fast 30 Jahren existiert der „Elwetritsche-Verein" in Landau (www.elwetrittche.de). Hier wird wahrer Tierschutz be-

Elwetritsche, do unne!

trieben und echte Verhaltensforschung, wie Mensch mit Tier und Fabel und Folklore und high-matlicher Identität um- und abgeht. Nur hier gibt's den wunderbaren Auto-Aufkleber: Ich bremse auch für Elwetritsche.

Hallo, die Sach mit denne Elwetritsche is uns Pälzer heilisch, ja?! Da geht's auch um Respekt vor einer fremde Kultur, wo ma net genau versteht. Beispiel: Die Grieche sagen, dass der Olymp Sitz der Götter ist. Und du lachst sie aus, weil du e Werttschaft kennschd, wo genau so heißt? Nee des macht ma net, do hot ma Respekt vor de Kuldur un de Tradition unsoweider.

Und gläubigen Tibetern würde man jetzt auch nicht unbedingt unter die Nase reiben wollen, dass es den Buddha bei uns im Baumarkt zu kaufen gibt un bei de Pälzer „de Budder" sogar im Kühlschrank liggt. Da hält man sich höflich zurück.

Wer Respekt hat vor der Kuldur des palatinensischen Wunderlandes, der sollt jetz mol sei Besserwisser-Gosch halde vun wege de Elwetritsch wär nur e Fabeltier und äfach akzeptiere, dass des (bei uns!) so is.

Also, lieber außergewärttische Stadtbewohner, der du kommst hinaus aufs Pälzer Land und hinein in den Wald: Wenn du mal wieder gezwungen bist, hinter einem langsam vor sich hinschleichenden Auto zu fahren und vor dir wird immer wieder mal aus unerkenntlichen Gründen gebremst und danach noch langsamer weiter gefahren – dann fluch net und überhol net. Vor dir fährt nämlich en Pälzer, der wo Elwetritsche sehe kann und deswege besonders vorsichtig ist. Un je langsamer er fährt, desto mehr sind welche unterwegs, un je öfter er bremst, desto mehr gibt er Acht, dass er kens überfährt. Alla, motz net! Halt lieber mol die Aage offe, vielleicht entdecksch aa ens, tritsch-tritsch...

Elwetritsche im Landauer Zoo

betrachten   entdecken

Seltsam selten

Wer mit dem Wolpertinger groß geworden ist, mag auch
Elwetritsche. Ob nun ein Hasenschädel mit Geweih oder ein
Schnabel mit Pinselfühlern... Zumal die bayerischen Aus-
wüchse lediglich eine „nach einem Regenerationsfraß an
Rosenblättern und Autosuggestion" körperlich veränderte
Elwetritsche sind, wie man im Landauer Zoo erfährt. Dort
hat man die seltene Gelegenheit, gleich mehrere Vertreter
dieser seltsamen Vögel mit der ungewöhnlichen Lebens-
weise betrachten zu können. Und doch gibt es immer wie-
der Besucher, die das 2004 eröffnete Freigehege links lie-
gen lassen. Schade, wo es doch so mühsam war, die für den
Zoo passenden Exemplare zu finden: nicht zu scheu oder zu
wild, ohne übermäßigen Bewegungsdrang und Futterneid.
Zugegeben, die Tritsche tarnen sich gut und auf der einzigen
Bank vor dem Gehege sitzt man mit dem Rücken zum Zaun.
Kinder sind da im Vorteil, sie stehen den Elwetritschen
Auge in Auge gegenüber. Ein kleiner Junge bleibt stehen.
„Gagag", sagt er und freut sich. Der Vater zieht ihn weiter
und erstickt seine Neugier im Keim. „Die bewegen sich
nicht, das sind keine echten Tiere. Das sind Fabelwesen."
Selbst wenn. Im Museum sind doch auch keine echten
Tiere und dennoch darf man sich die anschauen. Vater und
Sohn gehen weiter. Sollen sie doch. Als nächstes kommt
das Gehege des Wüstenfuchses. Wenn man den mit seinem
hellbraunen Fell im hellbraunen Sand überhaupt entdeckt,
dann liegt er bloß regungslos da und schläft.

Ute Günther

Zoo Landau
76829 Landau in der Pfalz
Hindenburgstraße 12
Fon 06341.137010
zoo@landau.de
www.zoo-landau.de
Kassenöffnungszeiten:
März bis Okt 9 - 18 Uhr,
Nov bis Feb 10 - 16 Uhr.
Der Zoo schließt etwa eine
Stunde nach Kassenschluss. In
den Übergangsmonaten März
und Oktober können sich die
Öffnungszeiten je nach Wetter
ändern.

Extras

www.elwetrittche.de
Der erste Elwetritsche-Verein
der Bundesrepublik Deutschland wurde 1982 gegründet
und hat die Patenschaft für
das Gehege übernommen.

erleben   erfahren   entdecken

Elwetritsche-Jagd
in Wachenheim:
Dieter Merkel
Fon 06322.4858
Anmeldungen über VHS
Wachenheim:
Fon 06322.958046
a.bien@vg-wachenheim.de
www.vg-wachenheim.de
(unter Volkshochschule)

Elwetritsche-Jagd in Neustadt:
Pfalztours
67433 Neustadt/Weinstraße
Hetzelplatz 1
www.pfalztours.eu
Tourist-Information
67433 Neustadt/Weinstraße
Hetzelplatz 1
Fon 06321.926892,
Fon 06321.926861 (Gruppen)
www.neustadt.eu

Im (Jagd-)Revier der Fabelwesen

Und es gibt sie doch: Zwar hat sich die Fangemeinde des pfälzischen Fabelvogels offensichtlich noch nicht auf eine einheitliche Schreibweise einigen können, Dieter Merkel aus Bad Dürkheim hat die Elwetritsch (oder Elwedritsch oder Elwetrittch?) aber jahrelang eingehend studiert - und bei seinen nächtlichen Jagdausflügen erbeutet. Stolz präsentiert der Obertritschologe eine leicht abgegriffene Trophäe: ein Tier mit Vogelkopf, Hasenkörper und Entenfüßen, halb gefiedert, halb bepelzt. Der Jagderfolg beflügelt den Fachmann aus der Vorderpfalz dazu, regelmäßig mit neugierigen Jagdschein-Anwärtern in seinem bevorzugten Revier unterhalb der Wachenheimer Wachtenburg zum Halali auf die Vertreter der „Species Utopica Bestialis Palatinensis" zu blasen. Natürlich müssen die Neulinge zunächst eingehend Theorie büffeln, bevor es auf die Pirsch geht. Als Hilfsmittel sind Weindoping und Zielwasser zugelassen. Dennoch gestaltet sich die Aufgabe nicht ganz einfach. Hauptfach ist nämlich Jägerlatein – diese Sprache zu beherrschen gilt als Ehrensache unter Experten. Auch in Neustadt, wo es den gewitzten Wesen ebenfalls seit Jahren regelmäßig ans Leder (die Federn, den Pelz) geht. Eine Schonzeit ist zum Glück übrigens nicht vorgesehen. Viele Jäger sind der Elwetritschen (oder Elwedritschen oder Elwetrittchen?) Überlebensgarantie. Denn erst wenn niemand mehr an sie glaubt, wird die Elwetritsch (oder Elwedritsch oder Elwetrittch?) aussterben. Na denn: Weidmanns Heil!

Gisela Huwig

Der Elwetritsche-Brunnen in Neustadt

erleben

betrachten

genießen

Witzige Wasserspiele

Nochmal, nochmal! Bitte nur noch einmal ganz kurz plantschen am Brunnen! So oder so ähnlich spielt es sich im Sommer immer wieder in der Neustadter Innenstadt ab. Das Töchterlein will unbedingt nochmal zu Familie Elwetritsch an den Brunnen. Das sind die sagenumwobenen Vögel, denen der Neustadter Bildhauer Professor Gernot Rumpf in den siebziger Jahren einen eigenen fantastischen Brunnen gestaltet hat. Die schrägen Vögel gibt's eigentlich nur in der Pfalz, obwohl anderen Ortes bereits ähnliche Wesen gesichtet wurden. Die gemeine Pfälzer Elwetritsch am Brunnen jedenfalls vereint Elemente einer Ente, eines Huhns, eines Raben und einer Elfe in sich, und trägt sehr menschliche Züge. Es macht richtig Laune, den zehn bronzenen Figuren am Marstallplatz bei ihren neckischen Wasserspielen zuzuschauen. Doch Vorsicht! Ganz ungefährlich sind die Vögel beim scheinbar harmlosen Plantschen dann doch nicht. Verliert man sich zu lange im Betrachten der liebevollen Details oder kommt dem Federvieh allzu nahe, wird man ganz plötzlich von hinten mit einem gezielten Strahl aus dem Schnabel erfrischt. In welchem Rhythmus dies geschieht, bleibt das Geheimnis der Insider und wird hier nicht verraten. Nur soviel: Die Anzahl der Elwetritsche am Brunnen ist symbolisch. Zehn Exemplare stehen für die Stadt und ihre neun Ortsteile. Und wenn der Oberbürgermeister hohen Besuch empfängt, dann wird das Wasser dort schon mal zu Wein und kommt wie Pfälzer Muttermilch direkt aus Mamatritschens Brust geflossen.

Sabine Demirci

Elwetritsche-Brunnen
Am Marstallplatz
Tourist Information
67433 Neustadt
an der Weinstraße
Hetzelplatz 1
Fon 06321.926892
www.neustadt.eu

Der Elwetritsche-Brunnen ist in der kalten Jahreszeit, ab November bis voraussichtlich Ende März, außer Betrieb.

Schoppe
Hoschde Dorsc.
druffdrig

Die Idee fer de Dorschd. Zum Wohl die Palz.

Lieblingsplatz:
„Schoppe Rize"
auf dem Worschdmarkt
in Bad Dürkheim.

Superlative

Ich Pälzer – du nix

Fragt man einen Pfälzer, wie er sich und seine Heimat im großen Reigen der Regionen und Landsmannschaften sieht, so
bekommt man nicht immer klare Antworten. Bei der Selbst-
einschätzung schwankt der Pfälzer nämlich zwischen ganz
groß und ganz klää, zwischen Hybris und Hilflosigkeit. Es
ist zwar kulturelles Allgemeinwissen, dass das Pfälzer-Sein
an sich die höchste Form der evolutionären Menschwerdung
darstellt. Und die Menschen hier sind sich auch durchaus ihrer privilegierten Stellung bewusst, die ihnen bereits in die
Kinnerchaise gelegt wurde. Auch wissen sie, dass sie einfach
so im Paradies wohnen dürfen und die schönste Sprache
sprechen, die wo es seit dem Turmbau zu Babel gewwe dut.
Von dieser bescheidenen allgemeinen Selbstübereinschät-
zung zeugen auch hier verkäufliche Buttons, die die philan-
tropisch-tolerante Weltsicht der Eingeborenen charmant auf

den Punkt bringen: „Ich Pälzer – du nix". Allerdings scheint dieses stolze Selbstverständnis nur hier zu funktionieren. Kaum verlässt der Eingeborene sein high-matliches Reservat und soll sich dort nach außen hin vorteilhaft darstellen und im Vergleich mit anderen bedeutenden Regionen und Metropolen der Republik pointiert und klar Stellung beziehen – da mangelt es plötzlich gar zu oft an einer gesund entwickelten Selbstbewusstlosigkeit.

Der Pfälzer könnte ganz einfach so sein wie er ja sowieso meistens ist, wenn er unter seinesgleichen gelassen zunächst locker am Glas nuckelt, um dann einen aus der Tiefe seiner entspannten Seele und mit heftiger Lippenvibration hervorkommenden Vokal herauszulassen, der alles, was vorher geredet wurde, mit einem Schlag unwichtig macht: „óh!". Was ungefähr soviel heißen soll wie „Rutschen mer doch grad de Buckel nunner!", was soviel heißen soll wie „verzehl mer nix!", was so viel heißen soll wie „loss mer moi Ruh!", was soviel heißen soll wie „óh!"

Schön wär's, wenn's immer so locker wär. Aber allzu oft lässt sich der Bewohner Palatinas aus der Reserve locken, weil der das Gefühl hat, irgendwie mitspielen zu wollen im Konzert der Großen, Wichtigen, Hautevolee-Hoidois. Und dann preist er die Vorzüge seiner Heimat an, wie ein Marktschreier, der immer die größeren, besseren, dolleren, tolleren Dinger hat wie de anner.

Kaum sagt ein Außergewärtiger zum Beispiel, dass er den hiesigen Dialekt primitiv findet, schon kontert der Eingeborene das „primitiv" mit einem „Superlativ", Das ist eine schöne Uneigenart von uns. Immer eine Gosch voll Superlative uff de Zung. Man wird kaum einen Berliner oder Hamburger treffen, der einem dauernd erzählen muss von der größten Stadt Deutschlands oder in jedem zweiten Satz den zweitgrößten Seehafen Europas erwähnt. Un mir?! Mir denke groß, weil mir denke, mir sin klää. Wie der Engländer sagt: „sink big!" – versenk die Große!

Immer e paar Superlative uff de Zung

Un des mache mir am liebschde, indem wo mir immer ebbes „beschde", „gröschde", „breideschde", „höhgschde" in petto hawwe. Selbst de dummbeidlischste pälzische Dollbohrer hat immer e paar Superlative in seim Sproochschätzel, wo er locker und penetrantös unters ungläubig ketzerische Außegeländer-Volk streuen kann.

„Hawwe Sie gewisst, dass mir do in de Palz das gröögschde zusammenhängende Waldgebiet un des gröögschde Riesling-Anbaugebiet Deutschlands haben tun?!".

Des geht jo noch, auch wenn beim ersten Satz jeder Thüringer protestieren würde, weil er denkt, dass er weiß, dass sein Wald noch größer ist. Und beim zweiten Satz lächeln die Rheinhesse ganz süffisant, weil sie wissen, dass sie das größte Weinbaugebiet aller Rebsorten haben.

Aber de Pälzer wär ken Pälzer wenn'er net noch enner druff setze könne dete det: „Hawwe Sie gewisst, bei uns steht die größte Chemiefabrik und das größte LKW-Werk der Welt?"

In seiner Euphorie, dass er endlich mal sogar weltweit de Meeschder is, hat der einheimische Superlativo-Palatino leider vergessen, dass Fabriken mit Schornsteine und Lagerhallen für Außergewärttische jetz net unbedingt der Bringer sind, wenn sie an die schöne mediterrane Pfalz denken. Also zumindeschd der pälzische Fremdenverkehrsverband det solche Superlative jetz net grad auf der ersten Seite seiner „Zwische Mittelmeer un Nordsee is die Pfalz der schönste Strich von Land, weil do die Mandelbäume blühe un die Keschde wachse dun"- Broschüre erwähnen. Aber egal.

Wemma schon emol debei sin: „Hawwe Sie gewisst, dass unser Haßloch net nur der Ort mit dem schönsten Name vun ganz, äh ganz, Haßloch is. Un, un, dass Haßloch das größte Dorf Deutschland is. Un: das Durchschnittlichste!" Klingt wie Satire, ist aber die Wahrheit. Haßloch ist das Mekka der

Neuleiningen mit seiner Burg.

Wurstmarkt Bad Dürkheim.

Marktforscher. Denn hier ist die Zusammensetzung der Bevölkerung anscheinend so beschaffen, dass sie repräsentativ
ist für die ganze Republik. Woanders müssen Statistiker tausende von Menschen aussuchen, gruppenweise befragen, in-
terviewen über Wochen und Monate. Und in Haßloch: Schlappe se äfach bissel uff de Gass rum, greife sisch ener raus, un
schunn hawwe se de Durchschnitt! Ha! Das sind Superlative,
die keiner hat außer uns. Was noch?!

Vum Rattegickel un der Saumagen-Kompetenz
Im Historischen Museum in Speyer liegt der älteste noch flüs-
sige Wein der Welt. Wahrscheinlich is des des ände Fläschel,
wo die Römer üwwerisch gelosst hen, 300 nach Christus. Und
wahrscheinlich haben Generationen von nachfolgenden Pfälzern nicht davon getrunken, weil sie irgendwie geahnt haben,
dass ihre Nachfahren dereinst ganz dringend ausgefallene
Superlative brauchen. Oder es is so en Rattegickel, dass den
äfach kenner trinke wollt, bis heit. Was noch?

Helmut Kohl − als personifiziertes Körper-Superlativ mit Sau-magen-Kompetenz oder Pirmasens mit der ältesten Schuhfabrik und Zweibrücken mit dem größten Outlet-Center Deutschlands. Oder Ludwigshafen, die holde pfälzische Metropole am Rhein: Dort hängt die größte, einzigste Kachelwand, die wo der Miró jemals fürs Hack-Museum gemacht hat.

Und wem das immer noch net genügt, dem basteln wir noch ein paar schöne exotische Superlative: Ruppertsecken ist das höchste Dorf der Pfalz. Und weil die Bewohner dort von der dünne Höhenluft dermaßen inschbiriert un „high" vun ihre „High-mat" sin, haben sie einen eigenen Tanzstil erfunden: de „Ruppertsecker Knubber", der so ähnlich funktioniert wie damals der „Bump" (Englisch für „Bobbes-Bumber"). Ruppertsecke hot's sogar ins Guiness Book gschafft als 2005 dortselbst 23 Paare uff ämol „geknubbert" hen. Das sind Superlative. Do kummt kenner meh mit.

Un wemma schunn debei sin, lege ma noch enner nooch: Hier in der Palz gibt's die höchste Straußenfarmdichte der Welt und die einzige Schneckenfarm zwische Ludwigshafe un Lautern. Ersteres stell ich jetz einfach mal so in de Raum, weil's so schön exotisch is, un hoff', dass'es kenner noochkontrolliert. Und des mit der Schneckenfarm muss ich erwähnen, weil's dem Verleger so wichtig war und der sonst vielleicht des ganze Buch zwar ver-legt, awwer vielleicht dann mit Absischt net wieder gfunne hätt.

So, un wenn jetzat alle Superlative uffgezählt sin un unser anfangs ungläubig-zweifelnder, später mit offener Gosch staunender außergewärttischer Zuhörer nimmi kann, weil'er völlisch beein-drückt is, dann konn ma des alles nochemol zamme fasse in dem schääne pälzer Weisheits-Satz:

„Mir sin die Beschdeschde, Schännschdeschde un die Subberschde − wonn die annere net do sin."

Historisches Museum Speyer

Das Historische Museum zählt aufgrund seiner umfassenden Sammlungsausstellungen und den vielfältigen Sonderausstellungen zu den bedeutendsten Museen Deutschlands. Das Weinmuseum birgt eine Rarität: den ältesten, flüssig erhalten gebliebenen Rebenwein der Welt. Der Römerwein stammt aus der Zeit um 300 n. Chr.

67346 Speyer
Domplatz 4
Fon 06232.13250
info@museum.speyer.de
www.museum.speyer.de
und www.kindermuseum.
speyer.de

Öffnungszeiten:
Di - So 10 - 18 Uhr

Musikantenland-Museum Burg Lichtenberg

Dass vorwiegend zwischen 1850 und dem Ersten Weltkrieg tausende Musikanten aus der Westpfalz durch die Lande zogen, um Geld zu verdienen – wer weiß schon noch etwas darüber? Mit Fotos von Musikern und Kapellen, mit Musikinstrumenten und Notenblättern sowie Souvenirs dieser Reisenden aus aller Welt werden Erinnerungen wach gehalten. Und die größte und die kleinste Tuba der Welt sind zu bestaunen.

66871 Thallichtenberg
Fon 06381.8429
burglichtenberg@t-online.de
www.kuseler-musikanten-land.de

Öffnungszeiten:
April - Okt täglich 10 - 17 Uhr
Nov - März täglich 10 - 12 Uhr
und 14 - 17 Uhr

Wilhelm-Hack-Museum Ludwigshafen

Das Ludwigshafener Museum mit der prächtigen – vom katalanischen Künstler Joan Miró gestalteten – Keramikfassade aus 7.200 Fliesen verfügt über eine große Sammlung von Kunstwerken des 20. Jahrhunderts. Heute ist das Wilhelm-Hack-Museum das wichtigste Museum für die Kunst des 20. und 21. Jahrhunderts in Rheinland-Pfalz.

67059 Ludwigshafen
Berliner Straße 23
Fon 0621.5043045
hackmuseum@ludwigs-hafen.de
www.wilhelmhack.museum

Öffnungszeiten:
Di, Mi, Fr 11 - 18 Uhr
Do 11 - 20 Uhr
Sa, So 10 - 18 Uhr

The Style Outlets Zweibrücken

Es ist das größte klassische Factory-Outlet-Center Deutschlands. Auf 21.000 Quadratmetern Verkaufsfläche gibt es Schnäppchen in 120 Marken-Shops. Die Werbung verheißt bis um 70 Prozent reduzierte Ware und damit Shoppen bis zum Umfallen von Adidas bis ZettGusto, was, ganz praktisch, zugleich die Kaffee-Bar des Centers ist.

66482 Zweibrücken
Londoner Bogen 10-90
Fon 06332.99390
info.zweibruecken@thestyle-outlets.de
www.thestyleoutlets.de

Öffnungszeiten:
Mo - Sa 10 - 19 Uhr,
zusätzlich regelmäßig
Sonntags- und Late-Night-Shopping.

Rhein-Galerie Ludwigshafen

25.000 Quadratmeter Membrandach, 30.000 Quadratmeter Verkaufsfläche auf zwei Ebenen, 130 Geschäfte, Supermarkt, Restaurants und Cafes, eine Rheinpromenade sowie eine schicke Sommer-Lounge mit 350 Sitzplätzen unter Palmen: Einkaufen in Ludwigshafen macht Spaß. Auch wenn Hollister mit seiner Surfer-angehauchten Mode für junge Leute bei eben diesen für Schlange-Stehen sorgt.

67061 Ludwigshafen
Im Zollhof 4
Fon 0621.591834 -10
info@rhein-galerie.de
www.rhein-galerie.de

Öffnungszeiten:
Mo - Sa 10 - 20 Uhr,
zusätzlich regelmäßig
Sonntags- und Late-Night-Shopping.

Peter Kaiser Schuhfabrik Pirmasens

800 Mitarbeiter fertigen täglich 4.700 Paar Damenschuhe in der ältesten noch existierenden Schuhfabrik Europas, genauer an den Standorten Pirmasens und im portugiesischen Felgueiras. 1838 von Peter Kaiser gegründet, exportierte das Unternehmen wenige Jahre später komplette, in Fässern verpackte Schuhsortimente bis nach Australien.

66955 Pirmasens
Lemberger Straße 46
Fon 06331.7160
info@peter-kaiser.de
www.peter-kaiser.de

Chakos Open-Air-Wohnzimmer, Geschichte, Weltkultur, Burg, Kloster, Wirtshaus, Heiratszentrum, eine der beliebtesten Silvester-Feierstätten der Pfalz. Comedyantische Recherche-Möglichkeiten: vielfältig! Bei Open-Air-Veranstaltungen oder samstagmittags in der Krypta beim „Fließband-Heiraten". Oder am 1. Januar ab 00:03 Uhr, wo ma vum neue Joahr nix meh sieht wie Schall un Rauch.
Aussicht: grandios und immer wieder ohne Worte – ein herrlicher Strich von Land!

Lieblingsplatz:
Klosterruine Limburg,
Bad Dürkheim.

Sabine Demirci (49) hat die Hoheit über die Termine im LEO-Kalender. Die Neustadterin ist mit Herz und Kindern in der Pfalz unterwegs – stets mit wachem Blick für neuen Lesestoff.

Die Freizeitexperten

Michael Dostal (52) ist der Kopf des Ganzen. Der passionierte Läufer weiß aber auch, sich gemächlich und genussvoll durch die Pfalz zu bewegen.

Ute Günther (34) bewahrt über sämtliche Projekte den Überblick. Gerne fährt sie an die Weinstraße, um Geschichten für Magazine und die LEO-Bücher mitzubringen.

Markus Giffhorn (39) schlemmt sich für den LEO durch sämtliche Lokale. Und auch in der Weinszene kennt sich der Mannheimer Genuss-Pfälzer bestens aus.

Roland Happersberger (47) erfreut sich an dem reichen architektonischen Erbe der Pfalz. Der Hettenleidelheimer ist mit dem pfälzischen Festgeschehen im LEO befasst.

Tobias Grauheding (36) wuchs in einem Forstamt im Pfälzerwald auf und beobachtet für den LEO, wo die Jugend abtanzt. Er kennt viele schöne Plätze, die es zu erwandern gilt.

Gisela Huwig (46) beweist, dass auch Saarländerinnen sich in der Pfalz zurechtfinden können. Sie beobachtet für den LEO, was sich an neuen Aktionen regt und was sich sportlich bewegt.

Bernhard May (59) beobachtet für den LEO das aktuelle Film- und Fernsehgeschehen und betrachtet mit dem Blick des Berliners typische Attraktionen in der Pfalz.

Christian Roskowetz (52) hält in der LEO-Redaktion die Fäden in der Hand. Er radelt täglich über den Rhein, um die Pfalz in vielerlei Facetten zu beschreiben.

Melanie Hubach (28) sorgt für einen starken optischen Auftritt. Mit viel Kreativität hat die Fotografenmeisterin die Lieblingsplätze des Autors Christian Chako Habekost mit ihm in Szene gesetzt.

Kai Scharffenberger (40) beobachtet im LEO das Kunst- und Kulturgeschehen im weiteren Umkreis. Außerdem gibt es kaum eine pfälzische Burg, die er nicht erkundet hat.

Carina Zweck (51) gibt dem Inhalt eine Seele. Aus einer Idee mit zahllosen Texten und Bildern macht die Lektorin mit viel Engagement ganze LEO-Bücher.

Martina Sema-Weiß (44) sucht für den LEO schöne Termine für Kinder aus. Als Zweibrückerin kennt sie die Westpfalz, wie sie sonst keiner kennt.

Auch bei uns erschienen:

Ob in der Weinstube oder im Sternelokal, der Saumagen ist in der Pfalz seit langem ein Klassiker in der Küche. LEO, das Freizeitmagazin der „Rheinpfalz", hat im Sommer 2010 einen Rezeptwettbewerb rund um den Saumagen gestartet. Die zehn besten prämierte eine fachkundige Jury. Im Buch sind sie – attraktiv bebildert – zum Nachkochen aufbereitet. Saumagen-Bekenntnisse pfälzischer Prominenter sowie informative und launige Geschichten sorgen zudem für Lesespaß. Zum Beispiel mit dem Beitrag „Saumagen war immer – aber nicht überall. Ein Pfälzer Nationalgericht zwischen Reben und Rüben" oder dem Kapitel „Von Homers Ziegenblutwurst zum Stomachus porci – ein Streifzug durch die Kulturgeschichte gefüllter Tiermägen und Tierdärme". Das Buch versteht sich als Liebeserklärung an eine runde Spezialität der Pfalz.

ISBN 978-3-937329-44-4 · 9,80 Euro

Die Pfalz begeistert als Wander-Wunderland der Kontraste. Auf den Seiten „Ausflüge & Reisen" im LEO, dem Freizeitmagazin der „Rheinpfalz", erscheinen seit Juni 2007 monatlich Wandertipps in Zusammenarbeit mit dem Pfälzerwald-Verein. Das „Pfälzer Wanderbuch" präsentiert insgesamt 40 bereits veröffentlichte und auch neue Wandertipps, die Wegweiser durch die Schönheit der Pfalz sein möchten. Zahlreiche attraktive Fotos, Karten und Höhenprofile helfen dabei, sich die jeweils richtige Tour auszusuchen.

ISBN 978-3-937329-38-3 · 9,80 Euro

Im Weinland Pfalz haben sich Essen und Trinken zu einer kulinarischen Erfolgsgeschichte verbunden: Die Seiten „Essen & Trinken" im LEO, dem Freizeitmagazin der „Rheinpfalz", erfreuen sich aus diesem Grund großer Beliebtheit. Ganz besonders werden die „LEO-Lokaltermine" geschätzt. Die Serie liefert Woche für Woche Tipps in Sachen Pfälzer Gastronomie.
Die beiden Bände „Pfälzer Lokaltermine" – Nördliche und Südliche Pfalz – präsentieren eine Auswahl von „Lokalterminen" aus den vergangenen Jahren mit aktualisierten Daten und verstehen sich als Impulsgeber für kulinarische Entdeckungsreisen.

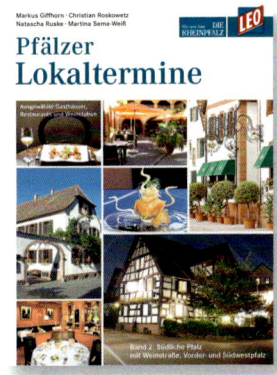

ISBN 978-3-937329-36-9 · 9,80 Euro   **ISBN 978-3-937329-47-5 · 9,80 Euro**

„Laufen lernt man nur durch Laufen." Dies ist die feste Überzeugung des Laufsportlers und Trainers Hans-Jürgen Eichberger. Mit dem Buch „Lauf doch einfach" will er seine jahrzehntelangen Erfahrungen weitergeben und helfen, Fehler zu vermeiden. Das Buch ist vor allem für den Anfänger und den Hobbyläufer gedacht. Und dies unabhängig vom Ziel: Ob Einstieg in eine tolle Sportart, Vorbereitung auf den Zehn-Kilometer-Lauf oder gar die Marathon-Teilnahme. Das LEO-Buch ist keine wissenschaftliche Abhandlung, sondern soll schlicht Lust aufs Laufen machen. Es richtet sich an Anfänger und Fortgeschrittene gleichermaßen. Als Co-Autoren für Fachkapitel sind unter anderem der Mediziner Dr. Thomas Dambach sowie Sternekoch Karl-Emil Kuntz, beide auch aktive Läufer, mit dabei. Trainingspläne, Materialien und Rezepte runden die Inhalte ab.

ISBN 978-3-937329-40-6 · 12,80 Euro

Bildnachweis

Baumwipfelpfad/Biosphärenhaus Fischbach:
Seite 76
Anne Becker-Roskowetz: Seite 52
Campomalo/pixelio: Seite 115
Deutsches Straßenmuseum Germersheim:
Seite 155
Karl Dichtler/pixelio: Seite 64
Donnersberg-Touristik-Verband, Kirchheim-
bolanden: Seite 21
Michael Dostal: Seite 54, 66, 70, 91
Dynamikum Science Center Pirmasens e.v.:
Seite 151
Reiner Frank: Seite 98
Kurt Görtler, Ortsgemeinde Nothweiler: Seite 44
Tobias Grauheding: Seite 43
Bernd Ulrich Günther: Seite 19
Ute Günther: Seite 126, 127, 175, 180
Roland Happersberger:
Seite 12, 18, 32, 45, 47, 77, 116, 128, 155
Haus der Nachhaltigkeit Johanniskreuz:
Seite 34
Andreas Hella: Seite 105
Kurt Hermann: Seite 24, 120
Historisches Museum der Pfalz Speyer:
Seite 186
Melanie Hubach: Seite 82, 132, 139
Joujou/pixelio: Seite 165
Kammgarn Kaiserslautern: Seite 42
Korkenziehermuseum Leinsweiler: Seite 143
Kurpfalz-Park Wachenheim: Seite 65
Roger Lang, Landesamt für Geologie
und Bergbau Rheinland-Pfalz: Seite 79
Thommy Mardo: Seite 6
Dr. Steffen Michler: Seite 141
Off-Road Freunde Kurpfalz e.V.: Seite 152
Oliandi. zait Ltd. & Co KG: Seite 164

Pfälzerwald-Verein e.v. Neustadt/Weinstraße:
Seite 35
Rosengarten Zweibrücken: Seite 55
Christian Roskowetz: Seite 92, 94
Rolf Schädler: Seite 107, 170, 177
Gabi Seiler: Seite 166
Sire/Fotolia.com: Seite 60
Stumpfwaldbahn Ramsen e.v.: Seite 106
Rainer Sturm/Pixelio: Seite 156
S.Y.M GmbH, Deidesheim: Seite 163
Terra Sigillata Museum Rheinzabern: Seite 167
Tourist, Kongress und Saalbau GmbH,
Neustadt/W.: Seite 53, 78
Tourist Information Bad Dürkheim:
Seite 142, 167
Tourist-Information Dahner Felsenland:
Seite 31
Tourist-Information Meisenheim: Seite 125
Tourist-Information „Tal vital", Lambrecht:
Seite 33
Tourist-Information Pfälzer Bergland, Kusel:
Seite 150
Urlaubsregion Freinsheim: Seite 22
Verbandsgemeinde Wachenheim an der
Weinstraße: Seite 176
Verein Südliche Weinstraße Annweiler
am Trifels e.V.: Seite 118
Verein Südliche Weinstraße e.V. Landau:
Seite 140
Vino Miglia Rheinwalt/Robnik: Seite 143
Weingut Reichsrat von Buhl, Deidesheim:
Seite 38, 46
Joachim Werkmeister, Wilhelm-Hack-Museum
mit Miró-Wand: Seite 186
Winzergenossenschaft Weinbiet, Mußbach:
Seite 138
Peter Zürker: Seite 90
Carina Zweck: Seite 20, 48, 57, 110, 117

Impressum

Herausgeber

HMV höma Verlags GmbH & Co. KG
Im Schlangengarten 56
76877 Offenbach
Fon 06348.959391
Fax 06348.959392
info@hoema-verlag.de
www.hoemaverlag.de

in Kooperation mit

LEO
dem Freizeitmagazin der RHEINPFALZ
mssw Print-Medien Service Südwest GmbH
Kaiser-Wilhelm-Straße 34
67059 Ludwigshafen
Fon 0621.5902-860
Fax 0621.5902-880
info@mssw-online.de
www.mssw-online.de

Redaktion und Texte
Sabine Demirci, Michael Dostal,
Markus Giffhorn, Tobias Grauheding,
Ute Günther, Roland Happersberger,
Gisela Huwig, Bernhard May,
Christian Roskowetz, Kai Scharffenberger,
Martina Sema-Weiß, Carina Zweck

Lektorat und Recherche
Carina Zweck

Fotos von Christian Chako Habekost
Melanie Hubach

Gestaltung, Satz und Bildbearbeitung
Manfred Duda, Bodenheim

Druck und Verarbeitung
NINO Druck GmbH
Im Altenschemel 21
67435 Neustadt/Weinstraße

ISBN 978-3-937329-56-7